O PRÍNCIPE

O PRÍNCIPE

NICOLAU MAQUIAVEL

TRADUÇÃO, PREFÁCIO E NOTAS
Lívio Xavier

EM APÊNDICE, CARTA DE
NICOLAU MAQUIAVEL A FRANCISCO VETTORI

EDITORA
NOVA
FRONTEIRA

EDITORA NOVA FRONTEIRA PARTICIPAÇÕES S.A.
Rua Candelária, 60 — 7° andar — Centro — 20091-020
Rio de Janeiro — RJ — Brasil
Tel.: (21) 3882-8200

Imagem de capa
Santi di Tito - Wikipedia

Dados Internacionais de Catalogação na Publicação (CIP)

M297p Maquiavel, Nicolau

O príncipe / Nicolau Maquiavel ; traduzido por Lívio Xavier. [Edição especial] Rio de Janeiro : Nova Fronteira, 2022.

112 p. ; 12,5 x 18 cm ; (Clássicos para Todos)

ISBN: 978-65-5640-586-5

1. Ciência política. I. Xavier, Lívio. II. Título.

CDD: 320
CDU: 327.8

André Queiroz – CRB-4/2242

CONHEÇA OUTROS LIVROS DA EDITORA:

Sumário

Prefácio

Até o século XV, desenvolve-se, com a derrocada da economia feudal, o processo da ascensão do capitalismo. Surgem na Europa ocidental os novos Estados nacionais. As soberanias locais vão sendo absorvidas pelo fortalecimento das monarquias e pela centralização progressiva das instituições políticas — reflexo da força expansiva do regime econômico em ascensão. Já desde os fins do século XIII, os príncipes vinham enfeixando nas suas mãos prerrogativas cada vez maiores. O Estado absolutista firma-se apoiado sobre as classes médias e tende a controlar a economia, sujeitando a feudalidade e a Igreja à sua autoridade, o que não significa que o absolutismo seja revolucionário: o Estado monárquico, preservando os privilégios essenciais das classes superiores, preserva-se a si mesmo, mantendo a autoridade do poder central sobre a burguesia urbana, o proletariado nascente e as massas rurais. As forças progressivas do desenvolvimento, o capitalismo, a navegação, a circulação geral expandem-se livremente. Nesse sentido, pode-se dizer que o novo regime econômico restitui generosamente ao Estado a força que havia recebido dele (W. Sombart), isto é, os interesses capitalistas coincidem com os do Estado nacional na sua oposição às forças descentralizadoras da economia urbana.

Mas, se na França e na Inglaterra o poder monárquico desde o início pôde dominar as tendências centrípetas, pelo contrário, as florescentes cidades italianas atingiram uma independência completa, e assim a Itália, ainda no século XV, não tinha conseguido a sua unificação nacional. A sua unidade política esfacelara-se de encontro ao particularismo das cidades. Conglomerado de pequenos Estados rivais, a península, cuja posse assegurava o domínio do Mediterrâneo e dos empórios comerciais com o Oriente, apresentava-se como presa fácil à monarquia francesa. Depois do tratado de Lodi, que pôs termo à guerra de Milão e Florença contra Veneza (1453), tornara-se impossível a unificação sob a hegemonia de qualquer dos três mais importantes Estados italianos. O papa, a Alemanha, a França e a Espanha disputavam a supremacia política na península.

Na atmosfera inquieta do Renascimento, a obra de Maquiavel é dominada pela ideia da unidade italiana. O "secretário florentino" procura os meios próprios de formá-la e discute as formas de governo mais apropriadas à sua preservação. Este pequeno e famoso livro, *O príncipe*, tão exaltado quanto denegrido, considerado sibilino nos seus fins, apesar da transparência da forma em que é vazado, nada mais é que uma espécie de manual do absolutismo. É mesmo o sentido em que, no século XVII, Bayle emprega pela primeira vez o termo maquiavelismo, dando, aliás, ao livro um poder maligno que ele está longe de conter: "Os mais inocentes aprenderão o crime pela prática das máximas de Maquiavel no exercício da realeza: maquiavelismo e a arte de reinar tiranicamente são termos sinônimos". A interpretação de *O príncipe*, a contradição existente entre as suas máximas e o pensamento expresso por Maquiavel em outras obras suas, e mesmo as ideias políticas que defendeu como partidário dos republicanos em Florença, foi erigida em transcendente problema de literatura política. Já 22 anos depois da morte de Maquiavel, G.B. Busini escrevia a Benedetto Varchi que, embora fosse verdade que ele "tivesse amado extraordinarissimamente a liberdade, era fato que todos o odiavam".[1] Desde então, têm-se extenuado em exegeses, mais ou menos arbitrárias, críticos e historiadores, e foi-se criando o mito do maquiavelismo. Nesta disputa irrisória que dura mais de quatro séculos, tem sido exagerado o vulto de Maquiavel. Sem ser obra de gênio precursor, *O príncipe* reflete as condições da época na qual e para a qual foi escrito, a reforma política, o livre exame dos fatos históricos, o ataque às tradições medievais, a instituição do êxito como única medida do poder do príncipe, enfim, a ruptura do temporal com o espiritual. Reflete-as antes pela agudeza com que observa os fatos atuais do que discerne as linhas fundamentais do desenvolvimento histórico ulterior. Obcecado pela ideia da unidade italiana, preocupado em ligar por uma monarquia acima do direito divino as anarquizadas tiranias locais, Maquiavel guarda, porém, certa estreiteza provinciana e esgota na intriga a imaginação política. A sua grandeza e originalidade consistem, ainda assim, em ter alargado o campo da ciência na política, distinguindo os interesses políticos primários das classes, mas confundindo-os, ao mesmo tempo, em uma monstruosa razão de Estado pela qual o povo é apenas matéria plástica nas mãos do príncipe.

Confundem-se o mito do maquiavelismo e o da razão de Estado.

Lívio Xavier

Nicolau Maquiavel
Ao magnífico Lorenzo, filho de Piero de Médici

As mais das vezes, costumam aqueles que desejam granjear as graças de um príncipe trazer-lhe os objetos que lhes são mais caros, ou com os quais o veem deleitar-se; assim, muitas vezes, eles são presenteados com cavalos, armas, tecidos de ouro, pedras preciosas e outros ornamentos dignos de sua grandeza. Desejando eu oferecer a Vossa Magnificência um testemunho qualquer de minha obrigação, não achei, entre os meus cabedais, coisa que me seja mais cara ou que tanto estime, quanto o conhecimento das ações dos grandes homens apreendido por uma longa experiência das coisas modernas e uma contínua lição das antigas; as quais, tendo eu, com grande diligência, longamente cogitado, examinando-as, agora mando a Vossa Magnificência, reduzidas a um pequeno volume. E conquanto julgue indigna esta obra da Presença de Vossa Magnificência, não confio menos em que, por humanidade desta, deva ser aceita, considerado que não lhe posso fazer maior presente que lhe dar a faculdade de poder em tempo muito breve aprender tudo aquilo que, em tantos anos e à custa de tantos incômodos e perigos, hei conhecido. Não ornei esta obra nem a enchi de períodos sonoros ou de palavras empoladas e floreios ou de qualquer outra lisonja ou ornamento extrínseco com que muitos costumam descrever ou ornar as próprias obras; porque não quis que coisa alguma seja seu ornato e a faça agradável senão a variedade da matéria e a gravidade do assunto. Nem quero que se repute presunção o fato de um homem de baixo e ínfimo estado discorrer e regular sobre o governo dos príncipes; pois os que desenham os contornos dos países se colocam na planície para considerar a natureza dos montes, e, para considerar a das planícies, ascendem aos montes, assim também para conhecer bem a natureza dos povos é necessário ser príncipe, e para conhecer a dos príncipes é necessário ser do povo. Tome, pois, Vossa Magnificência, este pequeno presente com a intenção com que eu o mando. Se esta obra for diligentemente considerada e lida, Vossa Magnificência conhecerá o meu extremo desejo que alcance aquela grandeza que a Fortuna e outras qualidades lhe prometem. E, se Vossa Magnificência, do ápice da sua altura, alguma vez volver os olhos para baixo, saberá quão sem razão suporto uma grande e contínua má sorte.

Capítulo I
De quantas espécies são os principados e de quantos modos se adquirem

Todos os Estados, todos os domínios que têm havido e que há sobre os homens, foram e são repúblicas ou principados. Os principados ou são hereditários, cujo senhor é príncipe pelo sangue, por longo tempo, ou são novos. Os novos são totalmente novos, como Milão com Francesco Sforza, ou são como membros acrescentados a um Estado que um príncipe adquire por herança, como o reino de Nápoles ao rei da Espanha. Estes domínios assim adquiridos são, ou acostumados à sujeição a um príncipe, ou são livres, e são adquiridos com tropas de outrem ou próprias, pela fortuna ou pelo mérito.

Capítulo II
Dos principados hereditários

Não tratarei das repúblicas, pois em outros lugares falei a respeito delas.[2] Irei me referir somente aos principados, e procurarei discutir e mostrar como esses principados hereditários podem ser governados e mantidos. Digo, assim, que nesta espécie de Estado, afeiçoados à família de seu príncipe, são muito menores as dificuldades de mantê-los, pois basta somente que não seja abandonada a praxe dos antecessores, e depois se contemporize com as situações particulares, de modo que, se tal príncipe é de engenho ordinário, sempre se manterá no seu Estado, se não houver uma força extraordinária e excessiva que o prive deste; e, mesmo que assim seja, o readquire, por pior que seja o ocupante.

Temos na Itália, por exemplo, o duque de Ferrara,[3] o qual resistiu ao ataque dos venezianos em 1484, e aos do papa Júlio em 1510, somente por ser antigo o domínio da sua família. Porque o príncipe natural do país tem menores ocasiões e menor necessidade de ofender. É claro, pois, que seja mais querido. Se extraordinários defeitos não o fazem odiado, é razoável que seja naturalmente benquisto da sua gente. E na antiguidade e continuação do domínio, gastam-se a memória e as causas das inovações, pois uma transformação poderá ser sempre acompanhada da edificação de outra.

Capítulo III
Dos principados mistos

Mas a dificuldade consiste nos principados novos. Primeiro, se não se trata de principado inteiramente novo, mas sim de membro ajuntado a um Estado hereditário (caso em que este pode chamar-se um principado misto), as suas variações nascem principalmente de uma dificuldade comum a todos os principados novos, a saber, que os homens mudam de boa vontade de senhor, supondo melhorar, e esta crença os faz tomar armas contra o senhor atual. De fato, enganam-se e veem por experiência própria haverem piorado. Isso depende de outra necessidade natural e ordinária, que faz com que um novo príncipe careça ofender os novos súditos com a sua tropa e por meio de infindas injúrias, que acarreta uma recente conquista.

Assim, são teus inimigos todos aqueles que se sentem ofendidos pelo fato de ocupares o principado; e também não podes conservar como amigos aqueles que te puseram ali, pois estes não podem ser satisfeitos como pensavam. Não poderás usar contra eles remédios fortes, obrigado que estás para com eles, pois mesmo que sejas fortíssimo nos exércitos, necessitas do favor dos habitantes para entrar numa província. Por isso, Luís XII, rei da França, ocupou Milão rapidamente e rapidamente a perdeu, bastando para isso as forças de Ludovico Sforza, pois a população que havia aberto as portas ao rei da França, caindo em si do seu engano quanto ao bem que esperava daquele príncipe, não o pôde suportar. É bem verdade que, sendo conquistados a segunda vez, os países rebelados se perdem com mais dificuldade: o príncipe, tendo por pretexto a rebelião, hesita menos no assegurar a punição dos revoltosos, esclarecer as suspeitas, prover às suas próprias fraquezas. Assim, para que a França perdesse Milão, foi bastante, a primeira vez, que o duque Ludovico ameaçasse as fronteiras, mas a segunda vez foi necessário que toda a gente fosse inimiga e que os exércitos franceses fossem aniquilados ou expulsos da Itália. Decorre isso das referidas razões. Não obstante, foi-lhe tomada primeira e segunda vezes. As razões gerais da primeira estão expostas; resta discorrer sobre as da segunda, e ver que remédios houvera a França de empregar para manter melhor a conquista.

Estes Estados conquistados e anexados a um Estado antigo, se são da mesma província e da mesma língua, são facilmente sujeitos, máxime quando não estão acostumados a viver livres. Basta, para que se assegure a posse desses Estados, fazer desaparecer a linha do príncipe que o dominava, pois mantendo-se nas outras coisas a condição antiga, e não havendo disparidade de costumes, os homens vivem calmamente. Assim se viu na França, no caso da Borgonha, Bretanha, Gasconha e Normandia[4] e, ainda que haja alguma dissemelhança na língua, os costumes são idênticos, de sorte que esses Estados podem viver juntos muito facilmente. O conquistador, para mantê-los, deve ter duas regras: primeiro, fazer extinguir o sangue do antigo príncipe; segundo, não alterar as leis nem os impostos. De tal modo, num prazo muito breve, terá feito a união ao antigo Estado.

Mas, quando se conquista uma província de língua, costumes e leis diferentes, começam então as dificuldades, sendo necessárias uma grande habilidade e boa sorte para poder conservá-la. Um dos meios mais eficazes é ir o príncipe habitá-la. Se está presente, veem-se nascer as desordens, e pode-se remediá-las com presteza; no caso contrário, só se terá notícia delas quando não houver mais remédio. Além disso, a província conquistada não será espoliada pelos lugares-tenentes. Os súditos ficarão satisfeitos com o mais fácil recurso ao príncipe: assim, terão maiores razões de amá-lo, se é o caso, ou de temê-lo. Os ataques externos serão mais custosos e o príncipe só muito dificilmente perderá essa província.

Outro remédio eficaz é organizar colônias, em um ou dois lugares, as quais serão uma espécie de grilhões postos à província, pois é necessário fazer isso, ou ter lá muita força armada. Com as colônias não se gasta muito, e sem grande despesa podem ser feitas e mantidas. Os únicos prejudicados no que diz respeito às colônias serão aqueles a quem se tomam os campos e as casas, para dá-los aos novos habitantes. Mas os prejudicados, sendo minoria na população do Estado, e dispersos e reduzidos à pobreza, não poderão causar dano ao príncipe, e os outros que não foram prejudicados deverão por isso aquietar-se, por medo de que lhes aconteça o mesmo. Enfim, acho que essas colônias nada custam e são fiéis; ofendem menos, e também os ofendidos não podem ser nocivos ao príncipe, como se explicou acima. Deve-se notar que os homens devem ser mimados ou exterminados, pois, se se vingam de ofensas leves, das graves já não podem fazê-lo. Assim, a injúria que se faz deve ser tal, que não se tema a vingança.

Mas conservando, em vez de colônias, força armada, gasta-se muito mais, e tem de ser despendida nela toda a receita da província. A conquista torna-se, pois, perda, e ofende muito mais, porque prejudica todo o Estado com as mudanças de alojamento das tropas. Estes incômodos, todos os sentem, e todos por fim se tornam inimigos que podem fazer mal, ainda batidos na própria casa. Por todas as razões, pois, é inútil conservar força armada, ao contrário de manter colônias.

Também numa província diferente por sua língua, costumes e leis, faça-se o príncipe de chefe e defensor dos mais fracos, e trate de enfraquecer os poderosos da própria província, além de guardar-se de que entre por acaso um estrangeiro tão poderoso quanto ele.

Pois acontecerá sempre que os habitantes da província, movidos pela ambição ou pelo temor, chamem estrangeiros poderosos. Assim, os etólios chamaram à Grécia os romanos, que sempre foram chamados pelos naturais das províncias conquistadas.

E a ordem das coisas é que, quando um estrangeiro poderoso chega a uma província, todos aqueles que se acham enfraquecidos lhe deem adesão, movidos pela inveja do que lhes é senhor. Por isso mesmo, não custa trabalho algum lhes alcançar o apoio; e de boa vontade farão bloco depois com o Estado conquistado. Há o perigo de ficarem eles muito fortes e com demasiada autoridade; facilmente, então, ficariam árbitros da província, abatendo os poderosos com as próprias forças do conquistador. Aquele que não se dirigir bem a este respeito perderá depressa a sua conquista e, enquanto não a perder, terá infindas dificuldades e dissabores.

Os romanos, nas províncias que conquistaram, observaram boa política a respeito. Fizeram colônias, fomentaram os menos poderosos sem aumentar a força destes, abateram os mais poderosos e não deixaram que os estrangeiros poderosos tomassem força. Sirva-me de exemplo a província da Grécia. Roma sustentou os aqueus e os etólios, abateu o reino dos macedônios, expulsou Antíoco. Mas nem os méritos dos primeiros e dos segundos permitiram-lhes aumentar os seus domínios; também Filipe[5] não persuadiu os romanos de que deviam ser seus amigos, nem a Antíoco deixaram conservar domínio algum. Porque os romanos nestes casos fizeram o que todo príncipe prudente deve fazer: não só remediar o presente, mas prever os casos futuros e preveni-los com toda a perícia, de forma que se lhes possa facilmente levar corretivo, e não deixar que se aproximem os acontecimentos, pois deste modo o remédio não chega a tempo, tendo-se tornado incurável a moléstia. Da tísica, dizem os médicos que, a princípio, é fácil de curar e difícil de conhecer, mas, com o correr dos tempos, se não foi reconhecida e medicada, torna-se fácil de conhecer e difícil de curar. Assim se dá com as coisas do Estado:

conhecendo-se os males com antecedência, o que não é dado senão aos homens prudentes, rapidamente são curados: mas, quando por se terem ignorado, se têm deixado aumentar, a ponto de serem conhecidos de todos, não haverá mais remédio àqueles males.

Os romanos, vendo de longe as perturbações, sempre as remediaram e nunca as deixaram seguir o seu curso, para evitar guerras, pois sabiam que a guerra não se evita, mas, se é protelada, redunda sempre em proveito de outros. Assim, empreenderam a guerra contra Filipe e Antíoco, na Grécia, para não ter de fazê-la na Itália; podiam tê-la evitado, mas não o quiseram. Não lhes agradava fiar-se no tempo para resolver as questões, como aos sábios da nossa época, mas só se louvavam na própria virtude e prudência, porque o tempo leva por diante todas as coisas, e pode mudar o bem em mal e transformar o mal em bem.

Mas voltemos à França e examinemos como procedeu ela em situações semelhantes. Falarei de Luís[6] e não de Carlos,[7] pois aquele conservou por mais tempo possessões na Itália, e se viu melhor a medida dos seus progressos. Vereis que ele fez o contrário do que se deve fazer para conservar a conquista de um Estado diferente. O rei Luís foi levado à Itália pela ambição dos venezianos que quiseram, por esse meio, ganhar o Estado da Lombardia. Não quero censurar o partido tomado pelo rei. Quando tomou pé na Itália, e não tendo amigos nesta província, e antes pelo contrário, pelos precedentes do rei Carlos, sendo-lhe trancadas todas as portas, foi ele forçado a ter as amizades que podia. E seria bem-sucedido na decisão tomada, se em outros manejos não tivesse praticado algum erro. Conquistada pois a Lombardia, o rei recuperou a reputação que Carlos perdera; Gênova cedeu, os florentinos tornaram-se seus amigos, o marquês de Mântua, o duque de Ferrara, Bentivoglio, a senhora de Forli, o senhor de Faenza, de Pescaro, de Rimini, de Camerino, de Piombino, os luqueses, os pisões e sieneses, todos foram ao encontro da sua amizade. Os venezianos puderam então considerar a temeridade da própria resolução, pois para adquirir dois tratos de terra, na Lombardia, fizeram o rei senhor de dois terços da Itália. Veja-se agora quanto era fácil ao rei manter na Itália a sua reputação, se, tendo observado as regras referidas, tivesse assegurado a defesa de todos aqueles amigos seus, os quais, sendo numerosos, careciam todos de estar com ele. Por meio de tais aliados, o rei Luís poderia facilmente assegurar-se contra aqueles que se tinham conservado fortes.

Mas, logo que se achou em Milão, fez justamente o contrário, ajudando o papa Alexandre a ocupar a Romanha. Nem pensou que, com essa deliberação, enfraquecia a si próprio, pois afastava dele os amigos e aqueles que se lhe tinham lançado ao seio, e fortificava a Igreja, ajuntando ao poder espiritual, que já lhe dá tanta autoridade, uma tão grande cópia de poder temporal. Cometido o primeiro erro, foi compelido a continuar praticando outros, a ponto de, para pôr termo à ambição de Alexandre, e para que este não se tornasse senhor da Toscana, ser obrigado a vir pessoalmente à Itália. Não lhe bastou fazer forte a Igreja e perder os próprios amigos; por querer o reino de Nápoles, dividiu-o com o rei da Espanha.[8] E, de árbitro da Itália como dantes, para aí levou um sócio ao qual os descontentes e ambiciosos recorressem contra ele próprio. E, em vez de deixar naquele reino um rei que lhe fosse sujeito, tirou-o para colocar um que o podia expulsar dali.

O desejo de conquistar é coisa verdadeiramente natural e ordinária, e os homens que podem fazê-lo serão sempre louvados e não censurados. Mas se não podem e querem fazê-lo, de qualquer modo, é que estão em erro e são merecedores de censura. Se a França tinha forças para assaltar Nápoles, devia fazê-lo; se não podia, não devia dividi-la. E se a divisão que fez da Lombardia com os venezianos mereceu ser desculpada, pois com ela pôs pé na Itália, a divisão de Nápoles merece censura, porque não tem a escusa da necessidade.

O rei Luís cometera estes cinco erros: tinha abatido os menos poderosos, aumentado a potência de um poderoso na Itália, trazido um estrangeiro poderosíssimo, não tinha vindo habitar a Itália e não mandou colônias para ali. Estes erros, em vida sua, podiam não prejudicá-la, se não tivesse cometido o sexto — o de se apoderar de territórios dos venezianos, pois, mesmo que não houvesse fortificado a Igreja e não houvesse intrometido a Espanha nas coisas da Itália, era razoável diminuí-los. Mas, tendo tomado essas deliberações, não devia o rei consentir na ruína deles, pois mantinham a distância os que queriam conquistar a Lombardia. E isso porque, enquanto os venezianos tivessem força, não teriam consentido em que outros senão eles próprios tivessem o domínio da província, e os outros não queriam tirá-la da França para dá-la aos venezianos. E se alguém dissesse: o rei Luís cedeu a Romanha a Alexandre e um reino à Espanha, para evitar uma guerra, respondo que não se deve consentir em um mal para evitar uma guerra, pois não se evita esta e sim apenas se adia, para própria desvantagem. Se alguns outros alegassem a palavra que o rei deu ao papa de empreender aquela conquista em troca da dissolução do seu matrimônio e do chapéu cardinalício ao arcebispo de Ruão, respondo mais adiante como, na minha opinião, se deve guardar a palavra dos príncipes. Assim pois, o rei Luís perdeu a Lombardia por não haver observado nenhum dos princípios observados pelos outros que conquistaram províncias e as conservaram. Não é milagre isso, mas em Nantes ao arcebispo de Ruão,[9] quando Valentino — nome popular de César Bórgia, filho do papa Alexandre — ocupava a Romanha, dizendo-me ele que os italianos não entendiam de guerra, expliquei-lhe que os franceses não entendiam do Estado, pois se entendessem não teriam consentido à Igreja tanta grandeza. E por experiência, viu-se que a grandeza, na Itália, da Igreja e da Espanha, foi obra da França. E a ruína desta foi causada por ambas.

Conclui-se daí uma regra geral, que nunca ou muito raramente falha: quando alguém é causa do poder de outrem, arruína-se, pois aquele poder vem de astúcia ou força, e qualquer destas é suspeita ao novo poderoso.

Capítulo IV
Por que razão o reino de Dario, ocupado por Alexandre, não se rebelou contra os sucessores deste

Consideradas as dificuldades com que se há de contar para conservar um Estado recém-conquistado, poderia parecer razão de espanto o fato de que, tendo Alexandre Magno ficado, em poucos anos, senhor da Ásia e morrido logo depois de ocupar aqueles Estados, estes não se tenham rebelado, como seria razoável. Os sucessores de Alexandre, contudo, se mantiveram e não tiveram para isso outra dificuldade senão a que entre eles surgiu da própria ambição. Replicarei que os principados, cuja memória se conserva, foram governados de dois modos diversos: ou por um príncipe ajudado por ministros que, no governo, não são senão servos que o exercem somente por graça e concessão do senhor ou por um príncipe e barões, os quais, não por graça daquele, mas por antiguidade de sangue, têm essa qualidade.

Estes barões possuem o domínio e súditos próprios, os quais os reconhecem como senhores e lhes votam natural afeição. Naqueles Estados que são governados por um príncipe com seus servidores, o senhor tem mais autoridade, porque em toda a sua província não há quem seja reconhecido como superior a ele. E se obedecem a outrem, fazem-no por força dos cargos que exerce e não lhe dedicam a menor estima.

Os exemplos destas duas espécies de governo são, em nossos tempos, o Grão-Turco e o reinado da França. O governo turco é exercido por um senhor que, dividindo o seu reino em *sandjaks*, dispõe de servidores que muda e desloca como bem lhe parece. O rei da França está colocado em meio de uma multidão de senhores cujo domínio é tradicional e que são, em seus distritos, reconhecidos e amados por seus súditos. São poderosos e o rei não pode privá-los de suas regalias, sem grave perigo para ele próprio. Quem considera, pois, estas duas situações encontrará dificuldade em conquistar o Estado turco. Sem embargo, uma vez vencedor, será muito fácil conservá-lo. A causa das dificuldades de ocupá-lo está em que não é possível ser chamado por príncipes daquele reino, nem esperar que se possa facilitar a empresa com a rebelião daqueles que lhes estão ao redor. E isso, em virtude das razões já apontadas. É que, sendo todos escravos, mais dificilmente podem ser corrompidos e, quando se corrompessem, poucas vantagens se poderiam obter, uma vez que eles não poderiam arrastar a massa popular, o que se explica também pelas razões enunciadas. Conclui-se daí que quem se puser em marcha contra a Turquia precisa preocupar-se com encontrá-la unida, convindo-lhe mais confiar nas próprias forças do que nas desordens dos outros. Mas, vencida e desorganizada na luta, de modo que não lhe fosse possível refazer os exércitos, não seria necessário preocupar-se senão com o sangue do príncipe. Extinto este, não restaria mais a quem temer, pois os outros não têm domínio sobre o povo. E, assim como vencedor, antes da vitória, nada podia esperar dele, não deve temê-lo depois da conquista.

Acontece o contrário nos reinos governados como a França. É possível entrar-se com facilidade, conseguindo aliança com algum barão do reino, pois sempre se encontram descontentes, ou gente desejosa de fazer inovações. Tais elementos poderiam, pelos motivos expostos, abrir-te caminho naquele reino e facilitar-te a vitória. Mas, depois, para te manteres, aparecem inúmeras dificuldades criadas não só pelos que oprimiste, como também pelos que de início auxiliaram a tua empresa. Não é suficiente extinguir o sangue do príncipe. Permanecem aqueles senhores, barões poderosos, que se tornam cabeças de novas rebeliões. E, não sendo possível nem contentá-los nem fazê-los desaparecer, perderás o Estado na primeira oportunidade que se lhes apresente.

Agora, se considerarmos a natureza do governo de Dario, iremos encontrar semelhança com a do sultão da Turquia. Se a Alexandre foi necessário desbaratar o inimigo em bloco depois da vitória, morto Dario, teve o Estado seguro, de acordo com as considerações que anteriormente expendi. E os sucessores de Alexandre, se houvessem se mantido unidos, poderiam gozar ociosos aquele reino; não houve aí outros tumultos senão os que eles próprios suscitaram. Quanto aos Estados organizados como o da França, é impossível conquistá-los com tanta facilidade. Explicam-se dessa forma as frequentes rebeliões da Espanha, da França e da Grécia quando conquistadas pelos romanos. Existiam aí numerosos principados e, enquanto perdurou a lembrança deles, os romanos nunca puderam estar absolutamente seguros da posse; apagada, porém, a memória daqueles principados, em vista da potência e duração do Império, surgiu a segurança completa dos possuidores. Conseguiram também os romanos, quando mais tarde lutaram entre si, arrastar parte daquelas províncias, segundo a autoridade que cada um havia conseguido impor. E as províncias, pela razão muito simples de que fora extinto o sangue de seus antigos senhores, reconheciam apenas os romanos. Consideradas, pois, estas coisas todas, não se espantará ninguém da facilidade que Alexandre teve em consolidar sua vitória na Ásia e das dificuldades com que outros esbarraram para conservar os reinos conquistados, como aconteceu a Pirro. São contingências originadas não do valor ou desvalor do vencedor, mas da diversidade dos povos vencidos.

Capítulo V
Da maneira de conservar cidades ou principados que, antes da ocupação, se regiam por leis próprias

Quando se conquistam Estados habituados a reger-se por leis próprias e em liberdade, há três modos de manter-se a sua posse: primeiro — arruiná-los; segundo — ir habitá-los; terceiro — deixá-los viver com suas leis, arrecadando um tributo e criando um governo de poucos, que se conservem amigos. Tendo sido esse governo criado por aquele príncipe, sabe que não poderá viver sem a sua amizade e o seu poder e, naturalmente, tudo fará para mantê-la. Por intermédio dos seus próprios cidadãos, muito mais facilmente se conservará o governo duma cidade acostumada à liberdade do que de qualquer outra forma. Sirva-nos de exemplo a história dos espartanos e dos romanos. Os primeiros criaram em Atenas e Tebas um governo oligárquico: perderam-nas novamente.[10] Os romanos, para manter-se na posse de Cápua, Cartago e Numância, destruíram-nas.[11] E não as perderam. Mas quiseram governar a Grécia como os espartanos, tornando-a livre e mantendo-lhe as suas leis. Não o conseguiram e foram obrigados a destruir muitas cidades para conservarem-se no poder. É que, em verdade, não há garantia de posse mais segura do que a ruína. Quem se torna senhor de uma cidade tradicionalmente livre e não a destrói será destruído por ela. Tais cidades têm sempre por bandeira, nas rebeliões, a liberdade e suas antigas leis, que não esquecem nunca, nem com o correr do tempo, nem por influência dos benefícios recebidos. Por muito que se faça, quaisquer que sejam as precauções tomadas, se não se promovem o dissídio e a desagregação dos habitantes, não deixam eles de se lembrar daqueles princípios e, em toda oportunidade, em qualquer situação, a eles recorrem, como fez Pisa, cem anos depois de estar sob o jugo dos florentinos.[12] Mas, quando as cidades ou as províncias estão habituadas a viver sob o domínio de um príncipe, extinta a sua geração — como estejam acostumados a obedecer e, ao faltar-lhes o príncipe antigo, não atinam em eleger, entre eles mesmos, um novo príncipe —, não sabem viver livres. São, assim, pouco afeitos a tomar das armas e, nessas condições, com mais facilidade pode-se ganhar a estima do povo e assegurar-se sua fidelidade. Nas repúblicas, há mais vida, o ódio é mais poderoso, maior é o desejo de vingança. Não deixam nem podem deixar repousar a memória da antiga liberdade.

Assim, para conservar uma república conquistada, o caminho mais seguro é destruí-la ou habitá-la pessoalmente.

Capítulo VI
Dos principados novos que se conquistam pelas armas e nobremente

Não deve causar estranheza a ninguém o fato de eu citar longos exemplos, muitas vezes a respeito dos príncipes e dos Estados, durante a exposição que passo a fazer dos principados absolutamente novos. Os homens trilham quase sempre estradas já percorridas. Um homem prudente deve assim escolher os caminhos já percorridos pelos grandes homens e imitá-los; assim, mesmo que não seja possível seguir fielmente esse caminho, nem pela imitação alcançar totalmente as virtudes dos grandes, sempre se aproveita muita coisa. Deve proceder como os seteiros prudentes que, querendo atingir um ponto muito distante, e conhecendo a capacidade do arco, fazem a mira em altura superior à do ponto visado. Não o fazem, evidentemente, para que a flecha atinja tal altura: valem-se da mira elevada apenas para ferir com segurança o lugar designado muito mais abaixo.

Nos principados novos, governados por príncipes novos, na luta pela conservação da posse, as dificuldades estão na razão direta da capacidade de quem os conquistou. E porque o fato de elevar-se alguém a príncipe pressupõe valor ou boa sorte, evidentemente qualquer destas razões tem a propriedade de mitigar muitas dificuldades. Todavia, é comum observar que muitos que foram menos afortunados se mantiveram mais tempo no poder. Traz muitas facilidades, ainda, o fato de o príncipe novo ser obrigado a habitar o Estado conquistado por não ter outros domínios. E para exemplo dos que foram príncipes pelo seu valor e não por boa sorte, cito como maiores Moisés, Ciro, Rômulo, Teseu. E se bem que Moisés não deva ser mencionado por ter sido um mero executor das ordens de Deus, deve, contudo, ser admirado unicamente pela graça que o fazia digno de falar ao Criador. Consideremos, porém, Ciro e outros que adquiriram e fundaram reinos. Haveis de achá-los todos admiráveis. E se se considerarem os seus atos e ordens particulares, eles não são discrepantes daqueles de Moisés, que teve tão alto preceptor. E examinando-lhes a vida e as ações, conclui-se que eles não receberam da fortuna mais do que a ocasião de poder amoldar as coisas como melhor lhes aprouveram. Sem aquela ocasião, suas qualidades pessoais se teriam apagado e, sem essas virtudes, a ocasião lhes teria sido vã. Portanto, era necessário a Moisés encontrar o povo de Israel, no Egito, escravizado e oprimido pelos egípcios, a fim de que estes, para se libertarem da escravidão, se dispusessem a segui-lo. Convinha que Rômulo não encontrasse refúgio em Alba e tivesse sido exposto ao nascer, para que se tornasse rei de Roma e fundador de uma pátria.

Era necessário que Ciro encontrasse os persas descontentes do império dos medas e os medas muito efeminados e amolecidos por uma longa paz. Teseu não teria podido revelar suas virtudes se não tivesse encontrado os atenienses dispersos. Tais oportunidades, portanto, tornaram felizes a esses homens; e foram as suas virtudes que lhes deram o conhecimento daquelas oportunidades. Graças a isso, a sua pátria se honrou e se tornou feliz.

Aqueles que, por suas virtudes, semelhantemente a estes, se tornam príncipes, conquistam o principado com dificuldade, mas se mantêm facilmente. As dificuldades que encontram na conquista do principado nascem, em parte, da nova ordem legal e costumes que são forçados a introduzir para a fundação do seu Estado e da sua própria segurança. Deve-se considerar aqui que não há coisa mais difícil, nem de êxito mais duvidoso, nem mais perigosa, do que o estabelecimento de novas leis. O novo legislador terá por inimigos todos aqueles a quem as leis antigas beneficiavam e terá tímidos defensores nos que forem beneficiados pelo novo estado de coisas. Essa fraqueza nasce, parte por medo dos adversários, parte da incredulidade dos homens, que não acreditam na verdade das coisas novas senão depois de uma firme experiência. Daí resulta que os adversários, quando têm ocasião de assaltar, o fazem fervorosamente, como setários, e os outros o defendem sem entusiasmo e periclita a defesa do príncipe.

É necessário, pois, querendo expor bem claramente esta parte, examinar se esses inovadores agem por si próprios, firmemente, ou se dependem de outrem, isto é, se para conduzir sua obra precisam de rogar ou se, verdadeiramente, podem forçar. No primeiro caso, são sempre malsucedidos e não conseguem coisa alguma. Mas, quando não dependem de ninguém, contam apenas consigo mesmos e podem forçar, raramente deixam de alcançar êxito. Destarte, todos os profetas armados venceram e os desarmados fracassaram. Porque, além do que já se disse, a natureza dos povos é vária, sendo difícil firmá-los na persuasão. Convém, pois, providenciar para que, quando não acreditarem mais, se possa fazê-los crer à força. Moisés, Ciro, Teseu e Rômulo não teriam conseguido fazer observar por muito tempo suas constituições se estivessem desarmados. É o que, nos tempos que correm, aconteceu a frei Girolano Savonarola, o qual fracassou na sua tentativa de reforma quando o povo começou a não lhe dar crédito. E ele não tinha meios para manter firmes aqueles que haviam acreditado, nem para fazer com que os incrédulos acreditassem. Pessoas nessas condições lutam com grandes dificuldades para conduzir-se, estando no seu caminho pela coragem. Vencidas as dificuldades, começam a ser venerados e, exterminados os que invejavam suas qualidades, tornam-se potentes, seguros, honrados, felizes. A tão altos exemplos, quero juntar outro menor, mas que tem relação com aqueles e bastará para todos os semelhantes. É o de Hierão de Siracusa. Tornando-se príncipe de Siracusa, está entre os que, da sorte, não tiveram mais do que a ocasião. Estando os siracusanos oprimidos, elegeram-no para seu capitão. Nesse posto mereceu tornar-se príncipe. E foi de tanta virtude, mesmo na vida privada, que dele se disse: "*quod nihil illi deerat ad regnandum praeter regnum*".[13]

Extinguiu a antiga milícia, organizou a nova, deixou as amizades antigas, conquistou outras e, como tivesse amizades e soldados seus, pôde, sobre tais alicerces, edificar as obras que quis, tanto que teve muito trabalho para conquistar, mas pouco para manter-se.

Capítulo VII
Dos principados novos que se conquistam com armas e virtudes de outrem

Aqueles que somente por fortuna se tornam príncipes pouco trabalho têm para isso, é claro, mas se mantêm muito penosamente. Não têm nenhuma dificuldade em alcançar o posto, porque para aí voam; surge, porém, toda sorte de dificuldades depois da chegada. É o que acontece quando o Estado foi concedido ao príncipe, ou por dinheiro, ou por graça de quem o concede. Assim foi na Grécia, nas cidades da Iônia e do Helesponto, onde houve príncipes feitos por Dario para manterem sua glória e segurança. É ainda como se faziam aqueles imperadores que, de simples cidadãos, subiam ao trono pela corrupção dos soldados. Tais príncipes estão na dependência exclusiva da vontade e boa fortuna de quem lhes concedeu o Estado, isto é, de duas coisas extremamente volúveis e instáveis. E não sabem ou não podem manter o principado: não sabem porque, se não são homens de grande engenho e virtude, não é razoável que, tendo vivido sempre em condições diferentes, saibam comandar; não podem, porque não contam com forças que lhes sejam amigas e fiéis. Além disso, os Estados que surgem de súbito, como todas as outras coisas da natureza que se desenvolvem muito depressa, não podem ter raízes ou membros proporcionados, e, ao primeiro golpe de adversidade, aniquilam-se; a não ser que aqueles príncipes, como já se disse, saibam preparar-se para conservar aquilo que a sorte lhes pôs no regaço e estabeleçam solidamente as bases fundadas anteriormente por outros.

Destes dois meios de se tornar príncipe — pelo valor ou pela fortuna —, quero apresentar dois exemplos atuais: Francesco Sforza e César Bórgia. Francesco, pelos meios devidos, e por grande valor, de simples particular se tornou duque de Milão e pôde manter facilmente aquilo que havia conquistado à custa de afanosos trabalhos. Por outro lado, César Bórgia, chamado pelo povo Duque Valentino, adquiriu o Estado com a fortuna do pai e sem esta o perdeu, não obstante houvesse feito tudo quanto devia fazer um homem prudente e valoroso a fim de que criasse raízes nos Estados que as armas e a fortuna de outrem lhe haviam concedido.

É que, como já se disse acima, quem não prepara as bases antes poderá fazer depois esse trabalho, se tem grande capacidade, ainda que com aborrecimento para o arquiteto e perigo para o edifício. Se considerarmos, então, todos os progressos do Duque, veremos que ele traçou grandes alicerces para a sua futura potência. Não julgo que seja supérfluo discorrer a respeito, porque eu não saberia regras melhores para oferecer a um príncipe novo do que o exemplo das ações do Duque. E se seu modo de agir não lhe aproveitou, não foi sua culpa e sim por força de extremos reveses da sorte. Alexandre VI encontrou grandes dificuldades imediatas e remotas para o engrandecimento do filho. Primeiro, não encontrava meio de poder torná-lo senhor de algum Estado que não fosse Estado da Igreja e sabia que, se tentasse apoderar-se de um destes, o duque de Milão e os venezianos não lho consentiriam, uma vez que Faenza e Rimini estavam já sob a proteção dos venezianos. Via, além disso, as tropas da Itália e especialmente aquelas de que se teria podido servir estarem em mãos de quem devia temer a grandeza do papa; e nelas não podia fiar-se, pertencendo todas aos Orsini e Colonna e seus partidários. Era necessário, portanto, que se perturbasse aquela ordem e fossem desorganizados os Estados destes para se tornar possível a conquista de um deles. Isto não lhe foi difícil, pois os venezianos, movidos por outras razões, se decidiram a facilitar a volta dos franceses à Itália, a que não fez oposição e até tornou mais fácil com a dissolução do primeiro matrimônio do rei Luís. O rei entrou, portanto, na Itália com o auxílio dos venezianos e consentimento de Alexandre. Logo que o rei chegou a Milão, o papa teve tropa para a conquista da Romanha, empresa tornada possível só pela fama do rei. Tendo o Duque conquistado a Romanha e batido os Colonna, querendo manter aquela e prosseguir, encontrava dois impedimentos: um, as suas tropas que não lhe pareciam fiéis, e o outro, a vontade da França. Temia o Duque que lhe faltassem as tropas dos Orsini, das quais se valera, e não só o impedissem de conquistar como lhe arrancassem a terra já conquistada e, além disso, temia também que o rei não lhe fizesse o mesmo. Dos Orsini, confirmaram-se as suas suspeitas quando, depois de ter entrado em Faenza, assaltou Bolonha, e notou a sua frieza naquele assalto. Relativamente às intenções do rei, conheceu-as quando, conquistado o ducado de Urbino, assaltou a Toscana: o rei fez com que desistisse dessa empresa. Por isso, o Duque deliberou não depender mais das armas e fortuna de outrem. E a primeira coisa que fez foi enfraquecer as facções dos Orsini e Colonna em Roma. De todos os aderentes destes, que fossem gentis-homens, procurou o apoio, tornando-os gentis-homens seus e lhes dando grandes pensões em dinheiro, e honrou-os, segundo suas qualidades, com postos de comando e de governo, de modo que, em poucos meses, a afeição que nutriam pelos partidos se extinguiu totalmente, passando toda para o Duque. Depois, esperou a ocasião de extinguir os chefes dos Orsini, estando já dispersos os da casa de Colonna. Não tardou a se apresentar tal oportunidade e o Duque soube bem aproveitar-se dela. Com efeito, os Orsini, tendo-se apercebido tarde demais que o poder do Duque e o da Igreja trariam a sua ruína, realizaram um conselho em Magione, no Perugino. Daí surgiram a rebelião de Urbino e os tumultos da Romanha, com inúmeros perigos para o Duque, que a todos superou com o auxílio dos franceses.

Tendo readquirido com isso sua reputação, e não se fiando mais da França nem de outros agentes externos, para não ter de acrescer-lhe as forças, recorreu à astúcia. E tão bem soube dissimular as suas intenções que os Orsini se reconciliaram com ele, por intermédio do Signor Pagolo.[14] Para assegurar-se melhor deste, o Duque não omitiu nenhuma prova de amizade, dando-lhe dinheiro, roupas e cavalos; tanto assim que a ingenuidade dos Orsini levou-os a Sinigalia, à discrição do Duque. Extintos, pois, esses chefes, e reduzidos os seus correligionários a amigos do Duque, havia este conseguido muito bons alicerces para o seu poder, conquistando toda a Romanha com o ducado de Urbino, parecendo-lhe, além disso, ter ganho a amizade da Romanha e todos aqueles povos, que haviam começado a gozar de prosperidade.

Como esta parte da ação do Duque é digna de registro e de imitação, não quero silenciar a respeito. Logo que se apoderou da Romanha, tendo-a encontrado, em geral, sujeita a fracos senhores, que mais espoliavam do que governavam os seus súditos, dando-lhes apenas motivo de desunião (tanto que aquela província estava cheia de latrocínios, de tumultos e de toda sorte de violências), julgou o Duque que era necessário, para torná-la pacífica e obediente ao braço régio, dar-lhe bom governo. E ali colocou, então, Ramiro de Orco, homem cruel e expedito, ao qual outorgou plenos poderes. Este, em pouco tempo, conseguiu fazer com que a Romanha se tornasse pacífica e unida, tendo alcançado ele mesmo grande reputação. O Duque julgou depois que já não era necessária tanta autoridade, pois temia que se tornasse odiosa. E constituiu um juízo civil no centro da província, com um presidente ilustre e benquisto, e no qual cada cidade estava representada. Sabendo que os rigores passados haviam criado ódios contra ele próprio, para apagá-los do ânimo daqueles povos e conquistá-los a todos, definitivamente, em tudo, quis demonstrar que, se haviam sido cometidas crueldades, não procediam dele e sim da dureza de caráter do ministro. E, em vista disso, tendo ocasião, mandou exibi-lo certa manhã, em Cesena, em praça pública, cortado em dois pedaços, tendo ao lado um pedaço de pau e uma faca ensanguentada. A ferocidade desse espetáculo fez com que o povo ficasse a um tempo satisfeito e espantado.

Voltemos, porém, ao ponto de partida. Encontrando-se o Duque bastante poderoso e a coberto, em parte, de perigos presentes, por já terem tropas suas extinguido em grande parte as forças vizinhas que o poderiam incomodar, restava-lhe, querendo prosseguir nas conquistas, o temor ao rei da França. Sabia que os seus progressos não seriam suportados pelo rei, o qual se apercebera tarde do seu erro. Começou, por isso, a procurar amizades novas e a tergiversar com a França, na incursão que os franceses levaram a efeito no reino de Nápoles contra os espanhóis que assediavam Gaeta. Queria assegurar-se contra a França, o que lhe teria sido fácil conseguir se Alexandre vivesse. Esta foi a sua política quanto às coisas presentes. Mas, com relação ao futuro, tinha a temer, primeiro, que o novo papa lhe fosse hostil e procurasse tirar-lhe o que Alexandre lhe dera. Pensou agir de quatro modos: primeiro — extinguir a linha de todos aqueles senhores que despojara, para evitar protestos de intervenção do papa; segundo — conquistar todos os gentis-homens de Roma, como foi dito, para poder, com seu auxílio, enfrentar o papa; terceiro — aumentar o mais possível a própria influência no Sacro Colégio; quarto — conquistar a maior soma de poder antes da morte do papa, a fim de poder resistir por si mesmo a um primeiro ataque. Dessas quatro coisas, já realizara três, por ocasião da morte de Alexandre. A quarta estava quase terminada. Dos senhores espoliados, matou quantos pôde alcançar e foram pouquíssimos os que se salvaram; havia alcançado o apoio dos gentis-homens romanos e, no Sacro Colégio, tinha formado um grande partido. Quanto à nova conquista, havia designado tornar-se senhor da Toscana e já possuía Perugia e Piombino e tomara a proteção de Pisa. E logo que não o preocupasse mais o temor da França (por terem sido já expulsos os franceses do reino de Nápoles pelos espanhóis, de modo que a ambos era necessário procurar sua amizade), o Duque se precipitaria sobre Pisa. Depois disso, Luca e Siena cederiam logo, em parte movidos pelo ódio aos florentinos, em parte pelo medo. Os florentinos, então, não teriam recurso algum. Se tivesse conseguido isso (o que se daria no ano mesmo em que Alexandre morreu), conquistava o Duque tanta força e reputação que por si mesmo se teria mantido e não dependeria mais da fortuna e da força de outrem e sim da sua própria força e capacidade. Mas Alexandre morreu cinco anos depois que César desembainhara a espada. Deixou-o apenas com o Estado da Romanha consolidado, e todos os outros no ar, sob a pressão de dois poderosíssimos exércitos inimigos, e doente de morte. Havia, porém, no Duque tão grande energia e valor, bem sabendo ele que os homens se conquistam ou se exterminam, e eram tão sólidos os alicerces construídos para o seu poderio que, se não fora a pressão daqueles exércitos, ou se ele estivesse são, teria vencido qualquer dificuldade. De que as bases que preparara eram boas, teve as provas: a Romanha esperou-o fielmente mais de um mês; em Roma, ainda que meio morto, esteve a salvo; e, se bem que os Baglioni, os Vitelli e os Orsini para aí tivessem acorrido, não puderam organizar partido contra ele; e, se não pôde fazer com que fosse eleito papa um partidário seu, pôde pelo menos impedir que o fosse um inimigo. Se não estivesse doente quando Alexandre morreu, tudo lhe teria sido fácil. Disse-me ele, quando da eleição de Júlio II, que pensara em tudo que podia acontecer com a morte do pai e para tudo encontrara remédio. Só não previra, naquela ocasião, que ele próprio estivesse para morrer.

Nas ações do Duque, das quais escolhi as que expus acima, não encontro motivo de censura; parece-me, pelo contrário, que se deve propô-lo como exemplo a todos os que, por fortuna e com as armas de outrem, ascenderem ao poder. Pois, sendo ele de ânimo forte e de alta ambição, não podia governar de outra forma. Aos seus desígnios, se opuseram apenas a brevidade da vida de Alexandre e a sua própria moléstia. Portanto, se julgas necessário, num principado novo, assegurar-te contra os inimigos, conquistar amigos, vencer ou pela força ou pela astúcia, fazer-te amado e temido do povo, ser seguido e respeitado pelos soldados, extinguir os que podem ou devem ofender, renovar as antigas instituições por novas leis, ser severo e grato, magnânimo e liberal, dissolver a milícia infiel, criar uma nova, manter amizades dos reis e dos príncipes, de modo que te sejam solícitos no benefício e tementes de ofender-te, repito que não encontrarás melhores exemplos que nas ações do Duque. Só é possível acusá-lo quanto à criação de Júlio pontífice, cuja escolha foi má, pois, como se disse, não podendo fazer papa a quem queria, podia evitar que o fosse quem não quisesse. Não deveria ele ter consentido jamais no papado de um dos cardeais a quem tivesse ofendido ou que, feito pontífice, tivesse de temê-lo. Pois os homens ofendem ou por medo, ou por ódio. Aqueles a quem ele ofendera eram, entre outros, os cardeais de San Pietro ad Vincula, Colonna, San Giorgio, Ascânio.[15] Todos os outros, se se tornassem papas, tinham por que temê-lo, exceto o de Ruão e os espanhóis; estes por força de aliança e obrigação, aquele pela força do rei da França. O Duque devia, portanto, fazer com que fosse eleito papa um espanhol; não o podendo, devia consentir em que o papa fosse o cardeal de Ruão e não de San Pietro ad Vincula. Engana-se quem acreditar que nas grandes personagens os novos benefícios fazem esquecer as antigas injúrias. O Duque errou, pois, nessa eleição, e foi ele mesmo o causador de sua ruína definitiva.

Capítulo VIII
Dos que alcançaram o principado pelo crime

Há duas maneiras de tornar-se príncipe, e que não se podem atribuir totalmente à fortuna ou ao mérito. Não me parece bom, portanto, deixar de falar destes casos, se bem que deles se pudesse falar mais detidamente onde se trata das repúblicas. Estas maneiras são: chegar ao principado pela maldade, por vias celeradas, contrárias a todas as leis humanas e divinas; e tornar-se príncipe por mercê do favor de seus conterrâneos. Para nos referirmos ao primeiro destes modos, apresentarei dois exemplos, um antigo e outro moderno, sem entrar, contudo, no mérito desta parte, pois julgo que bastaria a alguém imitá-los se estivesse em condição de devê-lo fazer.

Agátocles Siciliano tornou-se rei de Siracusa, sendo não só de impura mas também de abjeta condição. Filho de um oleiro, teve sempre vida criminosa na sua mocidade. Acompanhava as suas maldades de tanto vigor de ânimo e de corpo que, ingressando na milícia, chegou a ser pretor de Siracusa, por força daquela maldade. Neste posto, deliberou tornar-se príncipe e manter, pela violência e sem favor de outros, aquele poder que lhe fora concedido por acordo entre todos.

Acerca deste seu desígnio, entendeu-se com Amílcar, cartaginês, que estava com seus exércitos na Sicília, e, certa manhã, reuniu o povo e o Senado de Siracusa, como se ele tivesse de consultá-lo sobre os negócios públicos. E a um sinal combinado, fez que seus soldados matassem todos os senadores e os homens mais ricos da cidade. Mortos estes, apoderou-se do governo daquela cidade e o conservou sem nenhuma hostilidade por parte dos cidadãos. E apesar de os cartagineses haverem rompido com ele duas vezes e, por fim, assediado a cidade, pôde não só defendê-la, como, deixando parte de sua gente para garanti-lo contra os inimigos, com outra parte assaltar a África; em breve tempo libertou Siracusa do assédio e reduziu os cartagineses a uma condição miserável. Foram estes coagidos a entrar em acordo com Agátocles, deixando-lhe a Sicília e contentando-se com a posse da África. Considerados, pois, suas ações e méritos, não se encontrará coisa, ou, se não, muito pouca, que se possa atribuir à fortuna. Como acima foi dito, não por favor de quem quer que fosse, mas passando por todos os postos conquistados na milícia através de inúmeros dissabores e perigos, é que alcançou o principado que manteve depois, à força de tantas decisões audazes e cheias de perigos. Ainda que não se possa considerar ação meritória a matança de seus concidadãos, trair os amigos, não ter fé, não ter piedade nem religião, com isso pode-se conquistar o mando, mas não a glória. Mas, considerada a habilidade de Agátocles no entrar e sair dos perigos, e sua fortaleza de ânimo no suportar e superar as coisas adversas, não há por que julgá-lo inferior a qualquer dos mais ilustres capitães. Todavia, a sua bárbara crueldade e desumanidade e os seus inúmeros crimes não permitem que seja celebrado entre os mais ilustres homens da história. Não se pode, pois, atribuir à fortuna ou valor aquilo que ele conseguiu sem uma e sem outro.

Em nossos tempos, sob o reinado de Alexandre VI, Oliverotto de Fermo, que ficara órfão alguns anos antes, fora criado por um tio materno chamado Giovanni Fogliani. Nos primeiros tempos de sua juventude, dedicou-se à vida militar, sob a direção de Paulo Vitelli, a fim de que, afeito àquela disciplina, alcançasse algum alto posto na milícia. Morto Paulo, esteve sob o comando de Vitellozzo, seu irmão. E dentro de pouco tempo, como fosse engenhoso, forte e valoroso, tornou-se o primeiro homem de sua corporação. Pareceu-lhe, porém, coisa abjeta continuar a servir com outros, e auxiliado de alguns cidadãos de Fermo, que preferiram a servidão à liberdade de sua pátria, e com a ajuda de Vitellozzo, quis ocupar aquela cidade. E escreveu a Giovanni Fogliani dizendo que, como estivera muitos anos fora de casa, desejava ir visitá-lo e à sua cidade para conhecer o seu patrimônio; e como não trabalhara senão para conseguir honras, a fim de que seus concidadãos vissem que não perdera o tempo em vão, queria ir em grande pompa e acompanhado de cem cavaleiros seus amigos e servidores. Rogava ao tio que se servisse de ordenar aos cidadãos de Fermo que o recebessem com homenagens; isso representaria uma honra para o tio que o tinha educado. Giovanni não deixou de atender na menor coisa ao seu sobrinho. Recebeu-o com grandes festas, alojou-o e à sua comitiva, na própria casa. Passados alguns dias, estando tudo pronto para que ordenasse o necessário à sua futura perfídia, organizou um banquete soleníssimo, para o qual convidou Giovanni Fogliani e todos os homens de maior destaque da cidade de Fermo. Terminado o banquete e os divertimentos da praxe, Oliverotto, propositadamente, encetou uma conversa a respeito de assuntos graves, da grandeza do papa Alexandre e de César, seu filho, e dos seus empreendimentos.

Tendo Giovanni e os outros expendido também considerações a respeito, ele, a um dado momento, levantou-se e disse que aquilo era coisa que se devia discutir em lugar mais reservado, dirigindo-se a seguir para um aposento ao lado. Todos os outros o seguiram. Logo que se assentaram, saíram de esconderijos soldados que mataram Giovanni e todos os outros. Depois desse homicídio coletivo, Oliverotto montou a cavalo e percorreu a cidade e assediou o supremo magistrado em seu palácio. Aterrorizados, foram obrigados a obedecê-lo e a formar um governo do qual ele era o chefe. E, mortos todos os que por descontentes poderiam prejudicá-lo, reforçou-se por novas leis civis e militares, de modo que, durante o ano que governou a província, não só conseguira assegurar-se da cidade de Fermo, mas também tornar-se temido por todos os seus vizinhos. E seria difícil tomar-lhe a cidade, como aconteceu com Agátocles, se não se tivesse deixado enganar por César Bórgia, quando este, em Sinigalia, como se disse antes, aprisionou os Orsini e os Vitelli. Assim, um ano depois de haver cometido o parricídio, foi estrangulado juntamente com Vitellozzo, que fora o mestre de suas virtudes e ignomínias.

Poderia alguém surpreender-se pelo fato de que Agátocles e semelhantes, depois de tantas traições e crueldades, pudessem viver tranquilamente e a salvo em sua pátria, e defender-se dos inimigos externos e de que os cidadãos não conspirassem contra eles — considerando-se tanto mais que muitos outros não puderam, por sua crueldade, conservar o mando, nem nos tempos de paz, nem nos tempos duvidosos de guerra. Creio que isto seja consequência de serem as crueldades mal ou bem-praticadas. Bem usadas se podem chamar aquelas (se é que se pode dizer bem do mal) que são feitas, de uma só vez, pela necessidade de prover alguém à própria segurança, e depois são postas à margem, transformando-se o mais possível em vantagem para os súditos. Mal usadas são as que, ainda que a princípio sejam poucas, em vez de extinguir, crescem com o tempo. Os que observam a primeira destas linhas de conduta podem, com a ajuda de Deus e dos homens, encontrar remédio às suas consequências, como aconteceu com Agátocles. Aos outros é impossível manter-se. É de notar-se, aqui, que, ao apoderar-se dum Estado, o conquistador deve determinar as injúrias que precisa levar a efeito e executá-las todas de uma só vez, para não ter que renová-las dia a dia. Deste modo, poderá incutir confiança nos homens e conquistar-lhes o apoio beneficiando-os. Quem age por outra forma, ou por timidez ou por força de maus conselhos, tem sempre necessidade de estar com a faca na mão e não poderá nunca confiar em seus súditos, porque estes, por sua vez, não se podem fiar nele, mercê das suas recentes e contínuas injúrias. As injúrias devem ser feitas todas de uma vez, a fim de que, tomando-se-lhes menos o gosto, ofendam menos. E os benefícios devem ser realizados pouco a pouco, para que sejam mais bem saboreados. Sobretudo, um príncipe deve viver com seus súditos de modo que nenhum acidente, bom ou mau, o faça variar, porque, vindo, com tempos adversos, as necessidades, não terás tempo de fazer o mal; e o bem que fazes não te beneficia, pois julga-se forçado, e ninguém te agradecerá a sua prática.

Capítulo IX
Do principado civil

Mas, analisando outro caso, quando um cidadão, não por suas crueldades ou outra qualquer intolerável violência, e sim pelo favor dos concidadãos, se torna príncipe de sua pátria — o que se pode chamar principado civil (e para chegar a isso não é necessário ter grandes méritos nem muita sorte, mas antes uma astúcia feliz) —, digo que se chega a esse principado ou pelo favor do povo ou pelo favor dos poderosos. É que em todas as cidades se encontram estas duas tendências diversas e isto nasce do fato de que o povo não deseja ser governado nem oprimido pelos grandes e estes desejam governar e oprimir o povo. Destes dois apetites diferentes, nasce nas cidades um destes três efeitos: principado, liberdade, desordem.

O principado é estabelecido pelo povo ou pelos grandes, segundo a oportunidade que tiver uma destas partes; percebendo os grandes que não podem resistir ao povo, começam a dar reputação a um dos seus elementos e o fazem príncipe, para poder, sob sua sombra, satisfazer seus apetites. O povo também, vendo que não pode resistir aos grandes, dá reputação a um cidadão e o elege príncipe para estar defendido com a sua autoridade. O que ascende ao principado com a ajuda dos poderosos se mantém com mais dificuldade do que aquele que é eleito pelo próprio povo; encontra-se aquele com muita gente ao redor, que lhe parece sua igual e, por isso, não a pode comandar nem manejar como entender. Mas o que alcança o principado pelo favor popular encontra-se sozinho e, ao redor, ou não tem ninguém, ou há muito poucos que não estejam preparados para obedecê-lo. Além disso, não se pode honestamente satisfazer aos grandes sem injúria para os outros, mas o povo pode ser satisfeito. Porque o objetivo do povo é mais honesto do que o dos poderosos; estes querem oprimir e aquele, não ser oprimido. Contra a hostilidade do povo, o príncipe não se pode assegurar nunca, porque são muitos; com relação aos grandes, é possível porque são poucos. O pior que um príncipe pode esperar do povo hostil é ser abandonado por ele.

Mas, da inimizade dos grandes, não deve temer só que o abandonem, como também que o ataquem, pois têm estes maior alcance de vistas e maior astúcia, e têm sempre tempo de salvar-se, procurando aproximar-se dos prováveis vitoriosos. Precisa ainda o príncipe viver sempre com o povo, mas pode prescindir perfeitamente dos grandes, pois pode fazer e desfazer, cada dia, e dar-lhes ou fazer perder influência, à sua vontade.

E, para esclarecer melhor esta parte, direi dos dois grupos principais em que se podem classificar os grandes: os que procedem de tal modo que se ligam em tudo à tua fortuna, ou os que agem diversamente. Aqueles que se obrigam para contigo e não são rapaces devem ser respeitados e amados. Os que não se obrigam daquela forma devem ser examinados sob dois aspectos; se agem assim por pusilanimidade e defeito natural de caráter, deverás servir-te deles, especialmente se podem dar-te bons conselhos, porque em tempos felizes isso te honrará e nos adversos nada terás que temer. Mas quando não se obrigam para contigo, deliberadamente e por ambição, é sinal de que pensam mais em si próprios do que em ti. O príncipe deve, então, manter-se em guarda e temê-los como se fossem inimigos descobertos, porque sempre, na adversidade, ajudarão a arruinar-te.

Quem se torna príncipe mediante o favor do povo deve manter-se seu amigo, o que é muito fácil, uma vez que este deseja apenas não ser oprimido. Mas quem se torna príncipe contra a opinião popular, por favor dos grandes, deve, antes de mais nada, procurar conquistar o povo.

Isso lhe será fácil, uma vez que se tenha ocupado em protegê-lo. E como os homens, quando recebem benefícios de quem só esperavam mal, se obrigam mais para com o benfeitor, torna-se o povo logo mais seu amigo do que se o príncipe fosse levado ao poder por favor seu. Isso pode ser conseguido pelo príncipe de muitas maneiras, das quais não se pode traçar uma regra certa porque elas variam conforme as circunstâncias. Irei deixá-la de parte, por isso. Concluirei somente que é necessário a um príncipe que o povo lhe vote amizade; do contrário, fracassará nas adversidades. Nábis, príncipe dos espartanos, suportou o longo assédio de toda a Grécia e de um exército romano poderosíssimo e contra eles defendeu a pátria e o Estado. Bastou-lhe apenas, quando o perigo sobreveio, assegurar-se de poucos; não lhe bastaria isso, se o povo fosse seu inimigo. E a quem estiver contra esta minha opinião, baseado naquele velho provérbio que diz que quem se apoia no povo tem alicerces de barro, direi que isso é verdade quando um cidadão acredita que o povo o liberte quando estiver, por acaso, oprimido pelos inimigos ou pelos magistrados. Nesse caso, são frequentes os enganos, como os Gracos em Roma e Messer Giorgio Scali em Florença. Tratando-se, porém, dum príncipe que saiba comandar e seja homem de coragem, que não se abata nas adversidades, não se esqueça das outras precauções e tenha com seu próprio valor e conduta incutido confiança no povo, jamais será enganado por este e verá que reforçou os seus alicerces.

Principados dessa espécie correm perigo quando estão a pique de mudar de um governo civil para um absoluto; porque esses príncipes ou governam por si próprios ou por intermédio de magistrados.

Neste último caso, a sua estabilidade é precária e incerta porque dependem completamente da vontade dos cidadãos prepostos nas magistraturas, os quais, máxime em tempos adversos, podem lhe arrebatar o Estado com grande facilidade, movendo-lhe guerra ou não lhe prestando obediência. E o príncipe já não poderá, nos perigos, reconquistar a autoridade absoluta, porque os cidadãos e os súditos, habituados a seguir as ordens dos magistrados, não estão, naquela emergência, para obedecer à sua. E o príncipe, nos tempos incertos, quase não terá gente em que se possa fiar, não podendo basear-se no que observa em ocasiões normais, quando os cidadãos têm necessidade do Estado. Então, todos correm ao seu encontro, todos prometem, e não há quem não queira morrer por ele, quando a morte está longe; mas, na adversidade, quando o Estado necessita dos cidadãos, encontram-se poucos. E essa experiência é tanto mais perigosa quando é certo que não é possível fazê-la senão uma vez. Conclui-se daí que um príncipe prudente deve cogitar da maneira de fazer-se sempre necessário aos seus súditos e de precisarem estes do Estado; depois, estes lhe serão sempre fiéis.

Capítulo X
Como se devem medir as forças de todos os principados

Convém fazer, ao se examinarem as qualidades destes principados, uma outra consideração: se um príncipe possui tanta força em seu Estado que se possa manter por si mesmo em caso de necessidade, ou se precisa do auxílio de terceiros. Para bem esclarecer esta parte, direi que julgo capazes de se manter por si os príncipes que podem, em vista de ter abundância de homens ou de dinheiro, formar um exército forte e fazer frente a qualquer assaltante, e que também julgo terem sempre necessidade de outrem os que não podem enfrentar o inimigo em campo aberto, precisando refugiar-se por detrás dos muros da cidade para poder defendê-la. Já se falou do primeiro caso, e mais adiante ajuntaremos o que é necessário. No segundo caso, não se pode fazer mais do que exortar esses príncipes a fortificar e municiar o próprio Estado sem se preocupar com o resto. E quem estiver bem fortificado e se tenha conduzido com relação aos governados como acima se expôs — e se falará ainda — sempre será atacado com hesitação. Os homens são sempre contrários aos empreendimentos em que existe dificuldade; e não se pode ver facilidade no assalto a quem possui um Estado forte e não é odiado pelo povo.

As cidades da Alemanha são extremamente livres, têm pouco território e obedecem ao imperador quando querem, e não temem nem a ele nem a qualquer outro poderoso que lhes esteja ao redor, pois estão fortificadas de forma que obriga a refletir em que expugná-las deve ser tarefa aborrecida e difícil. Todas possuem ao redor valas e muros adequados, possuem boa artilharia e têm sempre nos celeiros públicos o que comer e beber e combustível para um ano. Além disso, para que a plebe nunca sofra fome, têm sempre, em comum, por um ano, trabalho para lhe dar naquelas atividades que sejam o nervo e a vida da cidade e indústrias das quais a plebe se sustente. Mais ainda: estimam grandemente os exercícios militares que são regidos por boas leis.

Assim, um príncipe que tenha uma cidade forte e não se torne odiado não pode ser atacado e, mesmo que o fosse, o atacante regressaria de cabeça baixa. Porque as coisas do mundo são assim tão variadas que seria impossível que alguém permanecesse ociosamente um ano a assediá-lo. A quem replicasse que, se o povo tem suas propriedades fora da cidade e as visse arder, não haveria paciência capaz de resistir e que o longo assédio e o próprio egoísmo dos súditos fariam com que se esquecessem do príncipe, responderia eu que um príncipe corajoso e forte superará sempre todas aquelas dificuldades, ora dando aos súditos a esperança de que o mal não se prolongará, ora incutindo-lhes o temor da crueldade do inimigo, e assegurando-se com destreza dos que lhe parecessem muito temerários. Além disso, é razoável considerar que o inimigo deverá incendiar e arruinar o país logo depois de sua chegada, quando o ânimo do povo está ainda aquecido e decidido à defesa; por isso, o príncipe deve ter tanto menos dúvida, porque depois de alguns dias os ânimos se arrefecem, os danos já são uma realidade e não há mais remédio; então o povo vem unir-se mais ao príncipe, parecendo-lhe que este lhe deve uma obrigação, pois arderam as casas e arruinaram-se as propriedades em benefício dele. E a natureza dos homens faz com que se obriguem tanto pelos benefícios feitos como pelos recebidos. Em conclusão, considerando-se bem tudo, não será difícil a um príncipe prudente assegurar-se do seu povo, durante um cerco, quer antes, quer depois deste, uma vez que não lhe faltem víveres nem meios de defesa.

Capítulo XI
Os principados eclesiásticos

Resta-nos somente, agora, falar dos principados eclesiásticos. Diante destes, surge toda sorte de dificuldades, antes de que se possuam, porque são conquistados pelo mérito ou por fortuna. Mantêm-se, porém, sem qualquer das duas, porque são sustentados pela rotina da religião. As suas instituições tornam-se tão fortes e de tal natureza que sustentam os seus príncipes no poder, vivam e procedam eles como bem entenderem. Só estes possuem Estados e não os defendem; só estes possuem súditos que não governam. E os seus Estados, apesar de indefesos, não lhes são arrebatados; os súditos, embora não sejam governados, não cuidam de alijar o príncipe nem o podem fazer. Somente esses principados, portanto, são por natureza seguros e felizes. E sendo eles regidos por poderes superiores, os quais a razão humana não atinge, deixarei de falar a respeito; estabelecidos e mantidos por Deus tais Estados, seria de homem presunçoso e temerário agir de outra forma. Contudo, se alguém me perguntasse dos motivos por que a Igreja alcançou tanta grandeza no poder temporal, diria que, antes de Alexandre, os potentados italianos (e não somente potentados, mas qualquer barão ou senhor, apesar de insignificante) pouca importância davam ao poder temporal da Igreja. E agora até um rei da França o receia e foi expulso da Itália pelo papa, que conseguiu ainda arruinar os venezianos, o que, apesar de conhecido, não é inoportuno relembrar.

Antes que Carlos, rei da França, invadisse a Itália, esta província estava sob o império do papa, venezianos, rei de Nápoles, duque de Milão e florentinos. Estes governos deviam ter dois cuidados principais: um — que o estrangeiro não entrasse na Itália com tropas; outro — que nenhum deles estendesse os seus domínios. Aqueles que mais se deviam vigiar eram o papa e os venezianos. E para deter a estes era necessária a união de todos os outros, como aconteceu na defesa de Ferrara; e para pôr em xeque o poder do papa, haveriam de servir os barões de Roma, os quais por estarem divididos em duas facções — Orsini e Colonna

— viviam em constante disputa. E estando sempre de armas na mão, aos olhos do próprio pontífice, tornavam o papado fraco e inseguro. E se bem que às vezes surgisse um papa animoso, como foi Xisto, a sua fortuna e o seu saber não bastavam para livrá-lo dessa dificuldade. A brevidade dos pontificados é a razão disso, pois nos dez anos que, em média, um papa reinava, conseguia, embora à custa de grande trabalho, rebaixar uma das facções. Não obstante, se um deles havia conseguido quase que extinguir os Colonna, por exemplo, seguia-se um outro papa, inimigo dos Orsini, que favorecia a volta dos Colonna e não tinha tempo também de destruir os Orsini. Por isso o poder temporal do papa foi pouco estimado na Itália. Surgiu, depois, Alexandre VI, o qual, de todos os pontífices que já existiram, demonstrou como um papa se podia fazer valer pelo dinheiro e pela força, e valendo-se do Duque Valentino como instrumento, e quando da vinda dos franceses, fez tudo quanto já referi acima a respeito da ação do Duque. E apesar do seu intento não ser o de tornar a Igreja poderosa, o Duque tudo quanto realizou foi pela grandeza desta, a qual, depois da morte de Alexandre e morto também o Duque foi a herdeira dos trabalhos que este realizara. Veio depois o papa Júlio e encontrou a Igreja forte, na posse de toda a Romanha, sendo que, pelas investidas de Alexandre, haviam sido extintos os barões de Roma e anuladas as facções referidas. Encontrou ainda o caminho aberto para acumular dinheiro, o que nunca fora feito antes de Alexandre. Júlio não só prosseguiu em tais trabalhos, como ainda os acresceu. E pensou em conquistar Bolonha, liquidar os venezianos e expulsar os franceses da Itália. Alcançou êxito em todas essas empresas, e é tão mais digno de louvor quando se sabe que fez tudo isso com a preocupação de engrandecer a Igreja e não um determinado indivíduo. Manteve ainda os dois partidos dos Orsini e dos Colonna, nas mesmas condições em que os encontrou; e apesar de que entre eles houvesse alguns chefes capazes de provocar alterações, nada fizeram; duas coisas os mantiveram inativos: o poder da Igreja, que os abatia, e o fato de não terem eles partidários no Sacro Colégio, pois os cardeais são origem dos tumultos entre as facções. Não haverá paz entre estas se tiverem cardeais, porque estes, tanto em Roma como fora da cidade, fomentam os partidos e os barões são forçados a defendê-los. Assim, da ambição dos prelados, nascem as discórdias e os tumultos entre os barões. Sua Santidade, o papa Leão, encontrou, pois, o pontificado poderosíssimo. E espera-se que, se alguns tornaram o papado poderoso pelas armas, o atual pontífice, pela sua bondade e inúmeras outras virtudes, o torne ainda mais forte e venerado.

Capítulo XII
Dos gêneros de milícias e dos soldados mercenários

Tendo eu falado com pormenor de todas as causas da boa ou má sorte dos principados, e considerado as causas da sua boa ou má sorte, demonstrando os meios por que se puderam conquistar e manter, resta-me agora falar a respeito dos meios ofensivos e defensivos que neles se podem achar necessários. Dissemos acima que é necessário a um príncipe estabelecer sólidos fundamentos; sem isso, é certa a sua ruína. E as principais bases que os Estados têm, sejam novos, velhos ou mistos, são boas leis e boas normas. E como não podem existir boas leis onde não há armas boas, e onde há boas armas convém que existam boas leis, irei me referir apenas às armas. Direi, pois, que as forças com que um príncipe mantém o seu Estado são próprias ou mercenárias, auxiliares ou mistas. As mercenárias e auxiliares são inúteis e perigosas. Se alguém tiver o seu Estado apoiado em tal classe de forças, não estará nunca seguro; não são unidas aos príncipes, são ambiciosas, indisciplinadas, infiéis, insolentes para com os amigos, mas covardes perante os inimigos, não temem a Deus, nem dão fé aos homens, e o príncipe só adia a própria ruína na medida em que adia o ataque. Assim, o Estado é espoliado por elas na paz e, na guerra, pelos inimigos. A razão disso é que não têm outro amor nem outra força que as mantenha em campo, senão uma pequena paga, o que não basta para fazer com que queiram morrer por ti.

Querem muito ser teus soldados enquanto não fazes a guerra, mas, se esta vier, fogem ou se despedem. Não me será muito difícil explicá-lo, pois a atual ruína da Itália não é causada por outra coisa senão por isso — que durante muitos anos esteve apoiada em armas mercenárias. Estas chegaram a fazer algo em benefício de alguns e pareciam valorosas quando combatiam umas às outras, mas, chegado o estrangeiro, logo mostraram o que eram. Facílimo foi, por isso, a Carlos, rei da França, conquistar a giz a Itália inteira;[16] dizia a verdade quem dizia que a culpa toda era nossa, mas não a que pensava e sim a de que foram causa os erros expostos acima. E como eram culpados os príncipes, foram eles que sofreram a pena.

Quero, contudo, demonstrar mais claramente a má qualidade destas tropas. Os capitães mercenários ou são grandes militares ou não são nada; se o forem, não te poderás fiar neles, porque aspirarão sempre à própria glória, ou abatendo a ti, que és o seu patrão, ou oprimindo a outrem contra a tua vontade. Se não forem grandes capitães, irão te arruinar por isso mesmo. E se alguém responder que, mercenário ou não, quem estiver com a força agirá sempre da mesma forma, replicarei que as tropas devem ser usadas por um príncipe ou por uma república. O príncipe em pessoa é quem deve constituir-se capitão, a República deve mandar para esse posto um de seus cidadãos e, quando for infeliz na escolha, deve logo substituí-lo. E, se se revelar um homem de valor no seu posto, deve a República assegurar-se, mediante leis, contra o capitão, para que não exorbite ele das suas funções. A experiência ensina que os príncipes, agindo por si mesmos, e as repúblicas armadas alcançam grandes progressos, ao passo que as armas mercenárias só causam danos. Mais dificilmente um cidadão de uma república que tenha tropa própria alcança o poder absoluto do que no caso da república apoiada em tropa mercenária. Roma e Esparta estiveram durante muitos séculos armadas e livres. Os suíços são armadíssimos e libérrimos. Exemplo das forças mercenárias antigas são os cartagineses, que quase foram abatidos pelos seus mercenários, quando terminou a primeira guerra com os romanos, conquanto os exércitos cartagineses tivessem por chefes cidadãos de Cartago. Filipe da Macedônia foi feito pelos tebanos capitão da sua gente, depois da morte de Epaminondas; e depois da vitória tirou-lhes a liberdade. Os milaneses, morto o duque Filipe, assalariaram Francesco Sforza para que atacasse os venezianos; e, vencido o inimigo em Caravaggio, Sforza juntou-se aos inimigos para oprimir os milaneses, seus patrões. Já Muzio Sforza, seu pai, servindo à rainha Joana de Nápoles, deixou-a, em certo momento, sem exército. Para não perder o reino, foi ela obrigada a lançar-se aos braços do rei de Aragão. E se os venezianos e florentinos, pelo contrário, alargaram seu império com tropas mercenárias, seus capitães não se tornaram príncipes e se os defenderam sempre tem-se que os florentinos, neste caso, foram favorecidos pela sorte, pois, dos capitães de valor a quem podiam temer, alguns não venceram, outros tiveram de lutar contra rivais, outros ainda dirigiram a ambição em outros rumos. O que não venceu foi Giovanni Aucut,[17] do qual, por não ter vencido, não se pôde conhecer a fidelidade, mas ninguém deixará de reconhecer que, se vencesse, os florentinos estariam à sua mercê. Sforza teve sempre contra si os partidários de Braccio, vigiando-se eles mutuamente. Francesco voltou sua ambição para a Lombardia; Braccio, contra a Igreja e o reino de Nápoles.

Vejamos, porém, o que aconteceu há pouco tempo. Os florentinos fizeram Paulo Vitelli seu capitão, homem muito prudente e que, de simples particular, alcançara altíssima reputação. Se este conquistasse Pisa, não haverá quem negue que ele teria oprimido os florentinos; porque, se tivesse ficado servindo aos seus inimigos, aqueles não teriam remédio contra isso; e, se o mantivessem, teriam de obedecer-lhe. Se considerarmos os progressos dos venezianos, veremos que operaram segura e gloriosamente, enquanto eles mesmos fizeram a guerra, o que se deu antes da sua atenção voltar-se para as conquistas em terra firme. Aí, com o auxílio dos gentis-homens e com a plebe armada, operaram valorosamente, mas, quando começaram a combater em terra, deixaram essa excelente regra e seguiram os costumes de guerra da Itália. E no princípio de sua ação em terra, por não terem muito Estado e por terem grande reputação, não tinham muito que temer de seus capitães. Ampliando os seus domínios sob a direção de Carmignola, tiveram a prova desse erro. Pois que, tendo-o como grande capitão, quando venceram sob o seu comando o duque de Milão, e vendo depois que estava arrefecendo nas coisas de guerra, julgaram que sob o seu comando não mais poderiam ter vitórias, pois lhe faltava a vontade de vencer; e como não pudessem dispensá-lo, para não perder o que haviam conquistado, tiveram de matá-lo para assegurar-se contra ele. Tiveram depois, por capitães, Bartolomeu de Bergamo, Roberto de S. Severino, Conde de Pitigliano e outros que tais; quanto a estes só tinham que temer as suas derrotas, não suas conquistas, como aconteceu depois em Vailá, onde, em um só dia, perderam o que, em oitocentos anos, à custa de tantos trabalhos, haviam conquistado. Essas tropas dão apenas lentas, tardias e precárias conquistas, mas rápidas e espantosas perdas. E como citei estes exemplos da Itália, que foi governada muitos anos com armas mercenárias, continuarei a discutir o assunto sob um aspecto mais geral, a fim de que, conhecendo-se as suas origens e o seu desenvolvimento, seja possível corrigir melhor o erro de usar essas tropas. Deveis saber então que, começando nestes últimos tempos o império a ser repelido da Itália, e tendo o papa maior autoridade no poder temporal, o país foi retalhado em mais Estados; porque muitas das maiores cidades tomaram armas contra a nobreza que as tinha subjugado, ajudada pelo imperador. Ao passo que a Igreja favorecia as cidades para aumentar o seu poder temporal. Assim, em muitas cidades, simples particulares se tornaram príncipes. O resultado é que, tendo a Itália ficado, quase toda, em poder da Igreja e de algumas repúblicas, e os padres e os cidadãos destas não estando habituados a manejar armas, começaram a aliciar mercenários estrangeiros para o serviço militar. O primeiro que granjeou fama no comando dessa espécie de tropa foi Alberico da Conio, romanholo. Braccio e Sforza, que, em seus tempos, foram árbitros da Itália, foram saídos, como muitos, da escola daquele. Depois vieram todos os outros que têm comandado estas milícias até nossos tempos. E como consequência disso, a Itália foi invadida por Carlos, depredada por Luís, atacada por Fernando e infamada pelos suíços. A primeira coisa que fizeram os "condottieri" foi procurar anular a importância da infantaria, para realçar a importância própria. Agiram assim porque, não tendo Estado próprio e dependendo sempre da sua profissão, se tivessem pouca infantaria, não conseguiriam fama, e, se muita, não poderiam sustentá-la. Reduziram-se portanto quase exclusivamente à cavalaria, pois, com pequeno número de cavaleiros, achavam apoio e honras, sem grandes encargos. Isso chegou a tal ponto que, num exército de vinte mil homens, não havia dois mil infantes.

Empregavam, ademais, os capitães todos os meios para afastar, de si e dos soldados, o medo e o trabalho, poupando-se nos combates e fazendo-se prender uns aos outros sem resgate. Não atacavam as cidades de noite e os que defendiam as cidades não atacavam os sitiantes, e nem queriam combater no inverno. Tudo isso lhes era permitido pelo seu código militar, que, como se disse, tinha o objetivo de evitar trabalhos e perigos. E assim escravizaram e infamaram a Itália.

Capítulo XIII
Das tropas auxiliares, mistas e nativas

As tropas auxiliares, que não são mais do que armas inúteis, são as que manda em teu auxílio algum poderoso, como fez em tempos não muito remotos o papa Júlio; tendo ele tido, na expedição contra Ferrara, triste prova dos exércitos mercenários, voltou-se para as tropas auxiliares, combinando com Fernando, rei de Espanha, que os infantes e cavaleiros deste fossem ajudá-lo. Tais tropas podem ser úteis e boas por si próprias, mas quase sempre acarretam prejuízos ao que as solicita, pois, se perderem, estará anulado, se vencerem, estará seu prisioneiro. E, muito embora a história antiga esteja cheia destes exemplos, eu não quero sair deste, ainda recente, do papa Júlio II, cuja decisão de abandonar-se nas mãos de um estrangeiro, só pela vontade de conquistar Ferrara, não se pode considerar uma boa deliberação. Mas a boa fortuna do papa originou um terceiro acontecimento, a fim de que ele não colhesse os frutos da sua má escolha; é que, tendo sido as forças auxiliares desbaratadas em Ravena, e surgindo os suíços que expulsaram os vencedores, excedendo qualquer expectativa do papa e de outros, não ficou ele preso pelos inimigos, que haviam fugido, nem pelos aliados, tendo vencido com outras forças que não as próprias. Os florentinos, que estavam desarmados, levaram dez mil franceses a Pisa, para expugná-la: e nisso encontraram mais perigo do que em quaisquer de seus próprios trabalhos, em todos os tempos. O imperador de Constantinopla, para opor-se aos seus vizinhos, pôs dez mil turcos na Grécia, os quais, terminada a guerra, não mais quiseram partir, o que foi o começo da servidão da Grécia aos infiéis.[18] Valha-se, portanto, destas tropas quem não quiser vencer, porque são muito mais perigosas do que as mercenárias.

Com aquelas, a ruína é certa; são unidas e votadas inteiramente à obediência a outros. Quanto às forças mercenárias, depois da vitória, precisam de mais tempo e de melhor oportunidade de prejudicar-te, pois não constituem um corpo perfeitamente unido e, além disso, foram organizadas e são pagas por ti; nestas, se constituíres chefe a um terceiro, não poderá este ter desde logo tanta autoridade que te possa ofender gravemente. Em resumo, nas tropas mercenárias, o que é perigoso é a covardia; nas auxiliares, o valor.

Os príncipes prudentes repeliram sempre tais forças, para valer-se das suas próprias, preferindo antes perder com estas a vencer com auxílio das outras, considerando falsa a vitória conquistada com forças alheias. Não deixarei nunca de ter em mente o exemplo de César Bórgia e suas ações. Este duque entrou na Romanha à custa de armas auxiliares, conduzindo tropas francesas, com as quais tomou Imola e Forli. Depois, como essas tropas não lhe inspirassem confiança, voltou-se às mercenárias, que, julgou, eram menos perigosas. E tomou a seu serviço os Orsini e Vitelli. Quando, tendo usado as destes últimos, julgou-as dúbias e infiéis, extinguiu-as, dedicando-se às que eram verdadeiramente suas. Pode-se daí concluir facilmente a diferença entre umas e outras, considerada a transformação na fama do duque, de quando tinha apenas os franceses, para quando empregava os Orsini e Vitelli, e quando afinal ficou com soldados seus e sob seu próprio comando. Veremos que sua fama foi aumentando sempre e nunca foi tão estimado como quando se viu que ele era senhor absoluto de suas tropas. Eu não queria senão citar exemplos italianos ou recentes; apesar disso, não quero deixar de falar de Hierão Siracusano, já acima referido. Este, como disse, investido das funções de chefe dos exércitos siracusanos, percebeu logo que a milícia mercenária não era boa, por serem os chefes semelhantes aos nossos, italianos. Parecendo-lhe que não podia mantê-los nem desfazer-se deles, cortou-os em pedaços. Assim, pôde fazer guerra, depois, com tropas próprias. Quero ainda recordar uma passagem do Antigo Testamento referente a este assunto. Oferecendo-se Davi a Saul, para ir combater contra Golias, grande provocador filisteu, Saul, para animá-lo, quis que ele fosse com a armadura real. Davi, logo que a pôs sobre si, repeliu-a, dizendo que não poderia usar bem da sua própria força, pois queria encontrar-se com o inimigo valendo-se apenas da funda e da faca para combatê-lo. Enfim, as armas de outrem, ou te caem pelas costas, ou pesam sobre ti, ou ainda te sufocam. Carlos VII, pai do rei Luís XI, tendo, com a sua boa sorte e valor, livrado a França do jugo dos ingleses, conheceu a necessidade de se armar com forças que fossem suas, realmente, e tornou obrigatório, no seu reino, o serviço militar. O rei Luís extinguiu, depois, a arma de infantaria e começou a ter suíços a soldo. Esse erro, seguido de outros, foi, como se vê agora, o motivo dos perigos daquele reino. Tendo dado reputação aos suíços, aviltou as próprias tropas, porque desapareceu a infantaria e a sua cavalaria foi subordinada à tropa estrangeira e, acostumando-se ela a militar com suíços, não lhes parece possível vencer sem eles. Daí não bastarem os franceses contra os suíços, e, sem os suíços, contra outros, não conseguiram vencer. Os exércitos da França, pois, têm sido mistos, compostos de mercenários e soldados próprios. São eles muito melhores que as simples tropas auxiliares ou mercenárias e muito inferiores aos exércitos próprios.

Basta o exemplo dado, porque o reino da França seria invencível se se tivesse desenvolvido ou pelo menos conservado o regulamento militar de Carlos. Mas a pouca prudência dos homens não descobre o veneno que está escondido nas coisas que bem lhes parecem ao princípio, conforme disse acima, a respeito das febres éticas.

Portanto, aquele que, num principado, não conhecer os males na sua origem não é verdadeiramente sábio, o que é dado a poucos. Se considerarmos o começo da decadência do império romano, acharemos que foi motivada somente por ter começado a ter a soldo mercenários godos. Desde então, começaram a declinar as forças do império e todo o valor dele lhes era levado à conta. Concluo, pois, que, sem possuir armas próprias, nenhum principado está seguro, antes, está à mercê da sorte, não existindo virtude que o defenda nas adversidades. Foi sempre opinião e sentença dos homens sábios — "*quod nihil sit tam infirmum aut instabile quam fama potentiae non sua vi mixa*".[19] E as forças próprias são aquelas compostas de súditos ou de cidadãos, ou de servos teus; todas as outras são mercenárias ou auxiliares. E o modo de regulamentar os exércitos próprios será fácil de encontrar-se se analisarem os regulamentos dos quatro a quem me referi, e se se considerar como Filipe, pai de Alexandre Magno, e muitas repúblicas e príncipes se armaram e regeram: e é a essas ordens que me reporto inteiramente, durante esta exposição.

Capítulo XIV
Dos deveres do príncipe para com as suas tropas

Deve, pois, um príncipe não ter outro objetivo nem outro pensamento, nem ter qualquer outra coisa como prática, a não ser a guerra, o seu regulamento e sua disciplina, porque essa é a única arte que se espera de quem comanda. É ela de tanto poder que não só mantém aqueles que nasceram príncipes, mas muitas vezes faz com que cidadãos de condição particular ascendam àquela qualidade. Ao contrário, vê-se que perderam os seus Estados os príncipes que se preocuparam mais com os luxos da vida do que com as armas. A primeira causa que te fará perder o governo é descurar desta arte e a razão de poderes conquistá-lo é o professá-la. Francesco Sforza de simples particular tornou-se duque de Milão, pelo fato de ter-se armado; ao passo que os seus filhos, por fugir aos deveres das armas, de duques passaram a simples cidadãos. Porque entre as outras razões que te acarretam males, o estar desarmado te obriga a ser submisso, e isso é uma das infâmias de que um príncipe se deve guardar, como adiante se dirá. Não há proporção alguma entre um príncipe armado e um desarmado, e não é razoável que quem está armado obedeça com gosto a quem não está, e que o príncipe desarmado viva seguro entre servidores em armas. Havendo desdém, por parte de um, e suspeita, de outro lado, não é possível que ajam de acordo. Um príncipe que não entenda de milícia, além de outras infelicidades, como se disse, não pode ser estimado pelos seus soldados nem ter confiança neles.

Um príncipe deve, pois, não deixar nunca de se preocupar com a arte da guerra e praticá-la na paz ainda mais que na guerra, e isto pode ser conseguido por duas formas: pela ação ou apenas pelo pensamento. Quanto à ação, além de manter os soldados disciplinados e constantemente em exercício, deve estar sempre em grandes caçadas em que deverá habituar o corpo aos incômodos naturais da vida em campanha e aprender a natureza dos lugares, saber como surgem os montes, como afundam os vales, como jazem as planícies, e saber da natureza dos rios e dos pântanos, empregando nesse trabalho os melhores cuidados. Esses conhecimentos são úteis sob dois aspectos principais: primeiro, aprende o príncipe a conhecer bem o seu país e ficará conhecendo melhor os seus meios de defesa; segundo — pelo conhecimento e prática daqueles sítios, conhecerá facilmente qualquer outro novo que lhe seja necessário especular, pois que os montes, os vales, as planícies, os rios e os pântanos que existem na Toscana, por exemplo, apresentam certas semelhanças com os de outras províncias. Assim, pelo conhecimento da geografia de uma província, pode-se facilmente chegar ao conhecimento de outra. E o príncipe que falha nesse particular falha na primeira qualidade que deve ter um capitão, porque é esta que ensina a entrar em contato com o inimigo, acampar, conduzir os exércitos, traçar os planos de batalha e assediar ou acampar com vantagem. Filopémenes, príncipe dos aqueus, entre as outras qualidades que lhe deram os escritores, tinha esta de, nos tempos de paz, não deixar de pensar nunca em coisa de guerra. Quando passeava no campo, com os amigos, parava às vezes e os interrogava: "Se os inimigos estivessem sobre aquele monte, e nós estivéssemos aqui, com nossos exércitos, quem teria maiores vantagens? Como se poderia ir ao seu encontro, observando a nossa formação? Se nos quiséssemos retirar, como deveríamos fazer? Se eles se retirassem, como faríamos para segui-los?" Enfim, formulava todas as hipóteses que podem ocorrer em campanha, ouvia-lhes a opinião, dava a sua, corroborava-as com razões e exemplos, de modo que, mercê dessas contínuas cogitações, quando estava à frente dos exércitos, nunca surgia um acidente que ele já não tivesse previsto e para o qual, portanto, não tivesse remédio.

Agora, quanto ao exercício do pensamento, o príncipe deve ler histórias de países e considerar as ações dos grandes homens, observar como se conduziram nas guerras, examinar as razões de suas vitórias e derrotas, para poder fugir destas e imitar aquelas; sobretudo, deve fazer como teriam feito em tempos idos, certos grandes homens, que imitavam os que antes deles haviam sido glorificados por suas ações, como consta que Alexandre Magno imitava a Aquiles, César a Alexandre, Cipião a Ciro. E quem ler a vida de Ciro, escrita por Xenofonte, reconhecerá, depois, na vida de Cipião, quanto lhe foi valiosa aquela imitação e quanto se assemelhava ele, na abstinência, afabilidade, humanidade, liberalidade, ao que Xenofonte disse de Ciro. Um príncipe sábio deve observar estas coisas e nunca ficar ocioso nos tempos de paz; deve, sim, inteligentemente, ir formando cabedal de que se possa valer nas adversidades, para estar sempre preparado a resistir-lhes.

Capítulo XV
Das razões por que os homens e, especialmente, os príncipes são louvados ou vituperados

Resta examinar agora como deve um príncipe comportar-se com os seus súditos e seus amigos. Como sei que muita gente já escreveu a respeito desta matéria, duvido que não seja considerado presunçoso propondo-me examiná-la também, tanto mais quanto, ao tratar deste assunto, não me afastarei grandemente dos princípios estabelecidos pelos outros. Todavia, como é meu intento escrever coisa útil para os que se interessarem, pareceu-me mais conveniente procurar a verdade pelo efeito das coisas, do que pelo que delas se possa imaginar. E muita gente imaginou repúblicas e principados que nunca se viram nem jamais foram reconhecidos como verdadeiros. Vai tanta diferença entre o como se vive e o modo por que se deveria viver, que quem se preocupar com o que se deveria fazer em vez do que se faz aprende antes a ruína própria, do que o modo de se preservar; e um homem que quiser fazer profissão de bondade é natural que se arruíne entre tantos que são maus.

Assim, é necessário a um príncipe, para se manter, que aprenda a poder ser mau e que se valha ou deixe de valer-se disso segundo a necessidade.

Deixando de parte, pois, as coisas ignoradas relativamente aos príncipes e falando a respeito das que são reais, digo que todos os homens, máxime os príncipes, por estarem mais no alto, se fazem notar através das qualidades que lhes acarretam reprovação ou louvor. Isto é, alguns são tidos como liberais, outros como miseráveis (usando o termo toscano *mísero*, porque *avaro*, em nossa língua, é ainda aquele que deseja possuir pela rapinagem, e *miseri* chamamos aos que se abstêm muito de usar o que possuem); alguns são tidos como pródigos, outros como rapaces; alguns são cruéis e outros piedosos; perjuros ou leais; efeminados e pusilânimes ou truculentos e animosos; humanitários ou soberbos; lascivos ou castos; estúpidos ou astutos; enérgicos ou indecisos; graves ou levianos; religiosos ou incrédulos, e assim por diante. E eu sei que cada qual reconhecerá que seria muito de louvar que um príncipe possuísse, entre todas as qualidades referidas, as que são tidas como boas; mas a condição humana é tal, que não consente a posse completa de todas elas, nem ao menos a sua prática consistente: é necessário que o príncipe seja tão prudente que saiba evitar os defeitos que lhe arrebatariam o governo e praticar as qualidades próprias para lhe assegurar a posse deste, se lhe é possível; mas, não podendo, com menor preocupação, pode-se deixar que as coisas sigam seu curso natural. E ainda não lhe importe incorrer na fama de ter certos defeitos, defeitos estes sem os quais dificilmente poderia salvar o governo, pois que, se considerarmos bem tudo, encontraremos coisas que parecem virtudes e que, se fossem praticadas, lhe acarretariam a ruína e outras que poderão parecer vícios e que, sendo seguidas, trazem a segurança e o bem-estar do governante.

Capítulo XVI
Da liberdade e da parcimônia

Começando, portanto, pela primeira das qualidades enumeradas, direi em que condições o ser julgado liberal é um bem. A liberalidade usada para que gozes da fama de liberal não é uma virtude; se é ela praticada virtuosamente e como devido, será ignorada e não te livrarás da má fama do seu contrário. Assim, se se quiser manter entre os homens a fama de liberal é necessário não omitir nenhuma demonstração de suntuosidade, de tal modo que, nessas condições, consumirá sempre um príncipe, em semelhantes obras, todas as suas rendas. E, no fim, se quiser manter aquela fama, precisará gravar o povo extraordinariamente, proceder cruelmente no fisco e fazer tudo o que se pode fazer para ter dinheiro. Isso começará a torná-lo odioso aos olhos dos súditos, e uma vez empobrecido, cairá na desestima dos outros; de forma que, tendo a sua liberalidade acarretado prejuízo a muitos e beneficiado a outros, começa o príncipe a sentir os primeiros reveses e periga em qualquer circunstância que ocorra. Percebendo isso, e querendo retrair-se, o príncipe é logo tachado de avaro. Assim, pois, não podendo usar dessa virtude sem dano próprio, de modo que seja conhecida, deve ele, se é prudente, desprezar a pecha de avarento, porque, com o tempo, poderá demonstrar que é cada vez mais liberal, pois o povo verá que a parcimônia do príncipe faz com que a sua receita lhe baste, podendo ele defender-se de quem lhe move guerra, e também lançar-se em empreendimentos sem gravar o povo, e assim está sendo liberal para todos aqueles de quem nada tira, os quais são inúmeros, e miserável para aqueles a quem não dá nada, que são muito poucos. Em nossos tempos, não vimos que fizessem grandes coisas senão os que foram considerados miseráveis; os outros arruinaram-se. O papa Júlio II, como se houvesse servido da fama de liberal para chegar ao papado, não pensou depois em mantê-la, e isso para poder fazer guerra contra o rei da França; entrou em muitas campanhas sem onerar os seus com qualquer taxa extraordinária, porque, para atender às despesas supérfluas, bastou-lhe a sua grande parcimônia. O atual rei da Espanha, se fosse considerado liberal, não teria começado nem vencido tantos empreendimentos.

Portanto, um príncipe deve gastar pouco para não ser obrigado a roubar seus súditos; para poder defender-se; para não se empobrecer, tornando-se desprezível; para não ser forçado a tornar-se rapace; e pouco cuidado lhe dê a pecha de miserável; pois esse é um dos defeitos que lhe dão a possibilidade de bem-reinar. E se alguém disser que César, com sua liberalidade, ascendeu ao império, e muitos outros, por serem considerados liberais, alcançaram altos postos, responderei que, ou já és príncipe ou estás no caminho de o ser. No primeiro caso, esta liberalidade é prejudicial; no segundo caso, é necessário ser considerado liberal. E César era um dos que queriam alcançar o poder em Roma, mas se, depois que o alcançou, tivesse vivido mais tempo e prosseguido naquelas despesas e não as tivesse reduzido, teria destruído o império. Se alguém replicasse que houve muitos príncipes que fizeram grandes coisas com os seus exércitos e têm fama de liberais, responderia eu que, ou o príncipe gasta o que é seu, ou dos seus súditos, ou o que é de outrem. No primeiro caso, deve ser sóbrio; no outro, não deve esquecer nenhuma liberalidade. E ao príncipe que marcha com seus exércitos e que vive à custa de presas de guerra, de saques e de reféns, e maneja o que é dos outros, é necessária essa liberalidade, porque de outra forma não seria seguido pelos seus soldados. E é possível seres muito mais pródigo com aquilo que te não pertence nem aos teus súditos, como fizeram Ciro, César e Alexandre, pois gastar o que é de outrem não rebaixa, pelo contrário, eleva a reputação. Gastar o que é seu mesmo, isso sim, é nocivo. E não há coisa que se destrua por si própria como a liberalidade, pois com seu uso continuado vais perdendo a faculdade de usá-la e te tornas ou pobre e necessitado, ou, para fugir da pobreza, rapace e odioso. E dentre as coisas de que um príncipe se deve guardar estão o ser necessitado ou odioso. E a liberalidade conduz a uma ou outra coisa. Assim pois, é mais prudente ter fama de miserável, o que acarreta má fama sem ódio, do que, para conseguir a fama de liberal, ser obrigado a incorrer também na de rapace, o que constitui uma infâmia odiosa.

Capítulo XVII
Da crueldade e da piedade — se é melhor ser amado ou temido

Continuando na exposição das qualidades acima referidas, tenho a dizer que cada príncipe deve desejar ser tido como piedoso e não como cruel: apesar disso, deve cuidar de empregar convenientemente essa piedade. César Bórgia era considerado cruel, e, contudo, sua crueldade havia reerguido a Romanha e conseguido uni-la e conduzi-la à paz e à fé. O que, bem considerado, mostrará que ele foi muito mais piedoso do que o povo florentino, o qual, para evitar a pecha de cruel, deixou que Pistoia fosse destruída.[20] Não deve, portanto, importar ao príncipe a qualificação de cruel para manter os seus súditos unidos e com fé, porque, com raras exceções, é ele mais piedoso do que aqueles que por muita clemência deixam acontecer desordens, das quais podem nascer assassínios ou rapinagem. É que estas consequências prejudicam todo um povo, e as execuções que provêm do príncipe ofendem apenas um indivíduo. E, entre todos os príncipes, os novos são os que menos podem fugir à fama de cruéis, pois os Estados novos são cheios de perigo. Diz Virgílio, pela boca de Dido: "*Res dura, et regni novitas me talia cogunt oliri, et late fines custode tueri.*" [21]

Não deve ser, portanto, crédulo o príncipe nem precipitado e não deve amedrontar-se a si próprio, e proceder equilibradamente, com prudência e humanidade, de modo que a confiança demasiada não o torne incauto e a desconfiança excessiva não o faça intolerável.

Nasce daí esta questão debatida: se será melhor ser amado que temido ou vice-versa. Pode-se responder que se desejaria ser uma e outra coisa; mas como é difícil reunir ao mesmo tempo as qualidades que dão aqueles resultados, é muito mais seguro ser temido que amado, quando se tenha que falhar numa das duas. É que os homens geralmente são ingratos, volúveis, simuladores, covardes e ambiciosos de dinheiro, e, enquanto lhes fizeres bem, todos estão contigo, oferecem-te sangue, bens, vida, filhos, como disse acima, desde que a necessidade esteja longe de ti. Mas, quando ela se avizinha, voltam-se para outra parte. E o príncipe, se confiou plenamente em palavras e não tomou outras precauções, está arruinado. Pois as amizades conquistadas por interesse, e não por grandeza e nobreza de caráter, são compradas, mas não se pode contar com elas no momento necessário. E os homens hesitam menos em ofender aos que se fazem amar do que aos que se fazem temer, porque o amor é mantido por um vínculo de obrigação, o qual devido a serem os homens pérfidos é rompido sempre que lhes aprouver, ao passo que o temor que se infunde é alimentado pelo receio de castigo, que é um sentimento que não se abandona nunca. Deve, portanto, o príncipe fazer-se temer de maneira que, se não se fizer amado, pelo menos evite o ódio, pois é fácil ser ao mesmo tempo temido e odiado, o que sucederá uma vez que se abstenha de se apoderar dos bens e das mulheres dos seus cidadãos e dos seus súditos, e, mesmo sendo obrigado a derramar o sangue de alguém, se poderá fazê-lo quando houver justificativa conveniente e causa manifesta. Deve, sobretudo, abster-se de se aproveitar dos bens dos outros, porque os homens esquecem mais depressa a morte do pai do que a perda de seu patrimônio. Além disso, não faltam nunca ocasiões para pilhar o que é dos outros, e aquele que começa a viver de rapinagem sempre as encontra, o que já não sucede quanto às ocasiões de derramar sangue.

Mas quando o príncipe está em campanha e tem sob seu comando grande cópia de soldados, então é absolutamente necessário não se importar com a fama de cruel, porque, sem ela, não se conseguirá nunca manter um exército unido e disposto a qualquer ação. Entre as admiráveis ações de Aníbal, enumera-se esta: tendo um exército muito numeroso, composto de homens de todas as idades e nacionalidades e militando em terras alheias, não surgiu nunca desinteligência alguma no seu seio, nem com relação ao príncipe, tanto nos bons como nos tempos adversos. Isso não se pode atribuir senão à sua desumana crueldade, a qual, juntamente com infinitas virtudes, o tornou sempre venerando e terrível no conceito de seus soldados. E estas virtudes, por si sós, não bastariam para produzir aquele efeito, se não fora aquela desumana crueldade. E entre escritores pouco comedidos, alguns se contentam com admirar e louvar esta sua qualidade, outros atribuem a ela todos os triunfos que conquistou. E para provar que as outras virtudes, por si sós, não bastariam, pode-se tomar como exemplo Cipião, homem excepcional, não somente nos seus tempos, mas também na memória dos fatos que a história conserva, cujos exércitos se revoltaram quando na Espanha; e este fato tem a explicação na sua demasiada bondade, que havia concedido aos soldados mais liberdade do que a que convinha à disciplina militar. Foi, por isso, admoestado severamente no Senado por Fábio Máximo, que o chamou de corruptor da milícia romana. Os locrenses, tendo sido barbaramente abatidos por um legado de Cipião, não foram vingados pelo chefe romano, nem a insolência daquele legado foi castigada, fatos esses que nasciam do caráter bondoso de Cipião. E, querendo alguém desculpá-lo no Senado, disse haver muitos homens que sabiam mais não errar do que corrigir os erros dos outros. Esse traço de caráter teria, com o tempo, destruído a fama e a glória de Cipião se ele tivesse continuado no comando, mas, vivendo sob a direção do Senado, esta sua qualidade prejudicial não somente foi anulada, mas se lhe tornou benéfica.

Concluo, pois (voltando ao assunto sobre se é melhor ser temido ou amado), que um príncipe sábio, amando os homens como eles querem e sendo por eles temido como ele quer, deve basear-se sobre o que é seu e não sobre o que é dos outros. Enfim, deve somente procurar evitar ser odiado, como foi dito.

Capítulo XVIII
De que forma os príncipes devem guardar a fé da palavra dada

Quanto seja louvável a um príncipe manter a fé e viver com integridade, não com astúcia, todos o compreendem; contudo, observa-se, pela experiência, em nossos tempos, que houve príncipes que fizeram grandes coisas, mas em pouca conta tiveram a palavra dada, e souberam, pela astúcia, transtornar a cabeça dos homens, superando, enfim, os que foram leais.

Deveis saber, portanto, que existem duas formas de se combater: uma, pelas leis; outra, pela força. A primeira é própria do homem; a segunda, dos animais. Como, porém, muitas vezes, a primeira não seja suficiente, é preciso recorrer à segunda. Ao príncipe, torna-se necessário, porém, saber empregar convenientemente o animal e o homem. Isto foi ensinado à socapa aos príncipes pelos antigos escritores, que relatam o que aconteceu com Aquiles e outros príncipes antigos, entregues aos cuidados do centauro Quíron, que os educou. É que isso (ter um preceptor metade animal e metade homem) significa que o príncipe sabe empregar uma e outra natureza. E uma sem a outra é a origem da instabilidade. Sendo, portanto, um príncipe obrigado a bem servir-se da natureza da besta deve dela tirar as qualidades da raposa e do leão, pois este não tem defesa alguma contra os laços, e a raposa, contra os lobos. Precisa, pois, ser raposa para conhecer os laços e leão para aterrorizar os lobos. Os que se fizerem unicamente de leões não serão bem-sucedidos. Por isso, um príncipe prudente não pode nem deve guardar a palavra dada quando isso se lhe torne prejudicial e quando as causas que o determinaram cessem de existir. Se os homens todos fossem bons, este preceito seria mau. Mas, dado que são pérfidos e que não a observariam a teu respeito, também não és obrigado a cumpri-la para com eles. Jamais faltaram aos príncipes razões para dissimular quebra da fé jurada. Disto poderíamos citar inúmeros exemplos modernos, mostrando quantas convenções e quantas promessas se tornaram írritas e vãs pela infidelidade dos príncipes. E, dentre estes, o que melhor soube valer-se das qualidades da raposa saiu-se melhor. Mas é necessário disfarçar muito bem esta qualidade e ser bom simulador e dissimulador. E tão simples são os homens, e obedecem tanto às necessidades presentes, que aquele que engana sempre encontrará quem se deixe enganar. Não quero deixar de falar pelo menos de um dos exemplos novos. Alexandre VI não pensou e não fez outra coisa senão enganar os homens, tendo sempre encontrado ocasião para assim proceder. Jamais existiu homem que possuísse maior segurança em asseverar e que afirmasse com juramentos mais solenes o que, depois, não observaria. No entanto, os enganos sempre lhe correram à medida dos seus desejos, pois ele conhecia muito bem este lado da natureza humana.[22]

Contudo, o príncipe não precisa possuir todas as qualidades acima citadas, bastando que aparente possuí-las. Antes, teria eu a audácia de afirmar que, possuindo-as e usando-as todas, essas qualidades seriam prejudiciais, ao passo que, aparentando possuí-las, são benéficas; por exemplo: de um lado, parecer e ser efetivamente piedoso, fiel, humano, íntegro, religioso, e, de outro, ter o ânimo de, sendo obrigado pelas circunstâncias a não o ser, tornar-se o contrário. E há de se entender o seguinte: que um príncipe, e especialmente um príncipe novo, não pode observar todas as coisas a que são obrigados os homens considerados bons, sendo frequentemente forçado, para manter o governo, a agir contra a caridade, a fé, a humanidade, a religião. É necessário, por isso, que possua ânimo disposto a voltar-se para a direção a que os ventos e as variações da sorte o impelirem, e, como disse mais acima, não partir do bem, mas, podendo, saber entrar para o mal, se a isso estiver obrigado. O príncipe deve, no entanto, ter muito cuidado em não deixar escapar da boca expressões que não revelem as cinco qualidades acima mencionadas, devendo aparentar, à vista e ao ouvido, ser todo piedade, fé, integridade, humanidade, religião. Não há qualidade de que mais se careça do que esta última.

É que os homens, em geral, julgam mais pelos olhos do que pelas mãos, pois todos podem ver, mas poucos são os que sabem sentir. Todos veem o que tu pareces, mas poucos, o que és realmente, e estes poucos não têm a audácia de contrariar a opinião dos que têm por si a majestade do Estado. Nas ações de todos os homens, máxime dos príncipes, onde não há tribunal para que recorrer, o que importa é o êxito bom ou mau. Procure, pois, um príncipe vencer e conservar o Estado. Os meios que empregar serão sempre julgados honrosos e louvados por todos, porque o vulgo é levado pelas aparências e pelos resultados dos fatos consumados, e o mundo é constituído pelo vulgo, e não haverá lugar para a minoria se a maioria não tem no que se apoiar. Um príncipe de nossos tempos, cujo nome não convém declarar, prega incessantemente a paz e a fé, sendo, no entanto, inimigo obstinado de uma e de outra.[23] E qualquer delas, se ele efetivamente a observasse, teria lhe arrebatado, mais de uma vez, a reputação ou o Estado.

Capítulo XIX
De como se deve evitar o ser desprezado e odiado

Uma vez que me referi às mais importantes das qualidades acima mencionadas, das outras quero falar ligeiramente, de um modo geral. O príncipe procure evitar, como foi dito anteriormente, o que o torne odioso ou desprezível e, sempre que assim agir, terá cumprido o seu dever e não encontrará nenhum perigo nos outros defeitos. O que principalmente o torna odioso, como disse antes, é o ser rapace e usurpador dos bens e das mulheres dos seus súditos. Desde que não se tirem aos homens os bens e a honra, vivem estes satisfeitos e só se deverá combater a ambição de poucos, a qual se pode sofrear de muitos modos e com facilidade. Torna-se desprezível o ser considerado volúvel, leviano, efeminado, pusilânime, irresoluto. E essas são coisas que devem ser evitadas pelo príncipe como o nauta evita um rochedo. Deve ele procurar que em suas ações se reconheçam grandeza, coragem, gravidade e fortaleza, e quanto às ações privadas de seus súditos, deve fazer com que a sua sentença seja irrevogável, conduzindo-se de tal forma que a ninguém passe pela mente enganá-lo ou fazê-lo mudar de ideia.

O príncipe que conseguir formar tal opinião de si adquire grande reputação; e contra quem é reputado dificilmente se conspira e dificilmente é atacado enquanto for tido como excelente e reverenciado pelos seus. Um príncipe deve ter duas razões de receio: uma de ordem interna, por parte de seus súditos, outra de ordem externa, por parte dos poderosos de fora. Irá se defender destes com boas armas e com bons aliados; e se tiver armas terá sempre bons amigos. As coisas internas, por sua vez, estarão sempre estabilizadas, se estabilizadas estiverem as de fora, salvo se aquelas já estiverem perturbadas por uma conspiração. Mesmo quando as de fora se agitassem, se o príncipe tivesse agido e vivido como escrevi, e não desalentasse, resistiria sempre a qualquer ataque, como narrei acima, relativamente ao espartano Nábis. A respeito dos súditos, porém, quando as questões externas estão em calma, deve sempre recear que conspirem secretamente, perigo de que o príncipe se afasta se não se tornou odiado ou desprezado e se tiver feito com que o povo esteja satisfeito com ele: e isso é necessário conseguir pelas formas a que acima se fez longa referência. Ora, um dos remédios mais eficazes que um príncipe possui contra as conspirações é não se tornar odiado pela população, pois quem conspira julga sempre que vai satisfazer os desejos do povo com a morte do príncipe; se julgar, porém, que com isso ofenderá o povo, não terá coragem de tomar tal partido, porque as dificuldades com que os conspiradores teriam que lutar seriam infinitas. Vê-se, pela experiência, que muitas têm sido as conspirações, mas que poucas delas tiveram êxito, pois quem conspira não pode estar só, nem pode ter como companheiros senão aqueles que estiverem desgostosos. E logo que revelas as tuas intenções a um descontente, ofereces a ele motivo de contentamento, pois ele pode esperar qualquer vantagem de traição do segredo, e de forma que, vendo deste lado só ganhos certos, e, de outro, só vendo dúvidas e muitos perigos, somente um amigo, como raros, ou um inimigo implacável do príncipe se conservará fiel à conspiração. Em suma, direi que, por parte do conspirador, não há senão medo, inveja e a suspeita da punição, que o atormenta; por parte do príncipe existe a majestade do principado, as leis, a defesa dos amigos e do Estado, que o resguardam: tanto que, acrescentando a tudo isso a estima popular, é impossível que exista alguém tão temerário que se abalance a conspirar. Ordinariamente, o que um conspirador receia antes de levar a efeito o mal deverá recear também depois, tendo o povo por inimigo, depois do fato consumado, e não poderá por isso esperar qualquer refúgio.

Poderia eu citar numerosos exemplos desta matéria: irei me limitar, porém, a um só, que nos foi legado pela recordação de nossos pais. Tendo sido assassinado pelos Canneschi o senhor de Bolonha, "messer" Aníbal Bentivoglio, avô do atual "messer" Aníbal, não ficando da família senão "messer" Giovanni, criança de colo, o povo, logo depois do homicídio, sublevou-se e matou todos os Canneschi. Isso foi devido à benevolência popular com a qual a casa dos Bentivoglio contava naquela época, benquerença essa tão grande que, não tendo restado em Bolonha um só membro daquela família que pudesse, morto Aníbal, governar o Estado e, havendo indício de que havia em Florença um jovem pertencente àquela família e tido, até então, como filho de um ferreiro, os bolonheses ali foram procurá-lo e lhe entregaram o governo da cidade, que foi governada por ele até que "messer" Giovanni alcançasse idade suficiente para reinar.

Concluo, portanto, afirmando que a um príncipe pouco devem importar as conspirações se é amado pelo povo, mas quando este é seu inimigo e o odeia, deve temer tudo e a todos. Os Estados bem organizados e os príncipes prudentes preocuparam-se sempre em não reduzir os grandes ao desespero e satisfazer e contentar o povo, porque essa é uma das questões mais importantes que um príncipe deve ter em mente. Em nossos tempos, entre os reinos bem organizados e governados, deve-se enumerar o da França. Encontram-se nele numerosas boas instituições, das quais dependem a liberdade e a segurança do rei. A primeira delas é o Parlamento e a autoridade que possui, pois o homem que organizou aquele reino, conhecendo, de um lado, a ambição e a insolência dos poderosos, e julgando necessário pôr-lhes um freio à boca para corrigi-los, e, de outro, conhecendo o ódio do povo contra os grandes, motivado pelo medo, e querendo protegê-los, não permitiu que essa tarefa ficasse a cargo do rei, para desculpá-lo da acusação dos grandes quando favorecesse o povo e do povo, quando favorecesse os poderosos. Por isso, constitui um terceiro juízo que fosse aquele que, sem responsabilidade do rei, deprimisse os grandes e favorecesse os menores. Essa organização não podia ser melhor nem mais prudente, nem se pode negar que seja a melhor causa de segurança do rei e do reino. Pode-se daí tirar outra notável instituição: os príncipes devem encarregar a outrem da imposição de penas, e os atos de graça, pelo contrário, só a eles mesmos, em pessoa, devem estar afetos. Concluo novamente que um príncipe deve estimar os grandes, mas não se tornar odiado pelo povo.

Poderia parecer a muitos, considerando-se a vida e morte de certos imperadores romanos, que constituíssem exemplos contrários a esta minha opinião, sendo que alguns deles, apesar de terem vivido sempre exemplarmente e demonstrado possuir grandes virtudes, perderam o poder ou foram mortos pelos seus, que contra eles conspiraram. Desejando responder a estas objeções, narrarei as causas da sua ruína, que são diferentes das que apresentei, procurando tomar particularmente em consideração aquelas que parecem notáveis a quem lê as ações daqueles tempos. Basta-me citar todos os imperadores que se sucederam no governo, desde o filósofo Marco Aurélio até Maximino, os quais foram Marco, seu filho Cômodo, Pertinax, Juliano, Severo, o filho deste — Antonino, Caracala, Macrino, Heliogábalo, Alexandre e Maximino. Deve-se primeiramente atentar em que, enquanto nos outros principados é necessário lutar apenas contra a ambição dos grandes e a insolência do povo, os imperadores romanos tinham pela frente uma terceira dificuldade, que era a de ter que suportar a crueldade e a rapacidade dos soldados. Esta dificuldade era tão grande que se tornou a causa da ruína de muitos, pois é difícil satisfazer a um tempo aos soldados e ao povo, pois que este, amante da paz, amava, consequentemente, os príncipes modestos, e os soldados estimavam o príncipe que possuísse ânimo guerreiro e que fosse insolente, cruel e rapace. Queriam que ele usasse dessas qualidades contra o povo para poder ganhar soldo dobrado e dar largas à sua rapacidade e crueldade. Isso fez com que os imperadores que, por natureza ou por habilidade, não tinham reputação suficiente para refrear os soldados nem o povo sempre se arruinassem. E a maior parte deles, especialmente os novos que conquistavam o principado, ao conhecer a dificuldade desses dois elementos procurava satisfazer aos soldados, não dando importância às ofensas ao povo; era necessário tomar esse partido, pois não sendo possível aos príncipes deixar de serem odiados por alguém, deviam eles esforçar-se antes de mais nada por não serem odiados pela maioria. E quando não o podem conseguir, devem procurar, com muita habilidade, fugir ao ódio das maiorias mais poderosas. Por isso, os imperadores que, por serem novos, precisavam de favores extraordinários aderiram aos soldados antes de aderirem ao povo, o que se lhes tornava útil ou não, conforme esse príncipe soubesse manter a reputação entre eles. Por estas causas referidas é que Marco, Pertinax e Alexandre, homens de vida modesta, amantes da justiça, inimigos da crueldade, humanos e benignos, todos, com exceção de Marco, tiveram triste fim. Só este viveu e morreu honradíssimo porque chegou ao poder *jure hereditario*.[24] E não lhe era necessário fazer reconhecer o seu poder, nem pelo povo, nem pelos soldados. Ademais, sendo portador de muitas virtudes, que o tornavam venerando, enquanto viveu, sempre manteve a ambos, povo e exército, em ordem, nos seus justos termos, e nunca foi odiado nem desprezado. Pertinax, porém, foi feito imperador contra a vontade dos soldados, os quais, tendo sido habituados a viver licenciosamente, sob o domínio de Cômodo, não puderam suportar a vida honesta que Pertinax tencionava impor-lhes. Por isso, tendo ele despertado ódio, e tendo-se ao ódio juntado o desprezo, pelo fato de ser velho, Pertinax arruinou-se logo nos princípios de sua administração. E é de notar-se aqui que o ódio se adquire, quer pelas boas, quer pelas más ações. Por isso, um príncipe, querendo manter o Estado como disse mais acima, é frequentemente obrigado a não ser bom, porque quando aquela maioria, povo, soldados ou grandes que sejam, de que tu julgas ter necessidade para te manteres no poder é corrompida, convém que sigas o seu pendor para satisfazê-la e, nesse caso, as boas ações são prejudiciais. Mas falemos de Alexandre, que foi tão bondoso que entre os louvores que se lhe atribuem está o de não ter, durante os catorze anos que manteve o império, mandado executar quem quer que fosse sem prévio julgamento. Apesar disso, sendo considerado efeminado e homem que se deixava dominar pela mãe e tendo por isso caído no desprezo, o exército conspirou e ele foi assassinado.

Falando, agora, de outro lado, das qualidades de Cômodo, Severo, Antonino, Caracala e Maximino, vereis que foram extremamente cruéis e rapaces. Para satisfazer os soldados, não deixaram de cometer nenhuma daquelas injúrias que se pudessem cometer contra o povo, e todos, excetuando-se Severo, tiveram triste fim. É que Severo foi tão valoroso que, mantendo a amizade dos soldados, embora oprimindo o povo, pôde sempre reinar com felicidade, porque aquelas suas virtudes o tornavam tão admirável no conceito dos soldados e do povo, que este ficava, de certa forma, atônito, e aqueles — reverentes e satisfeitos. Conhecendo Severo a ignávia do imperador Juliano, persuadiu o exército, do qual era capitão na Ilíria, de que era oportuno ir a Roma, para vingar a morte de Pertinax, assassinado pelos pretorianos, e, sob esse pretexto, sem aparentar que aspirava ao poder, conduziu o seu exército contra Roma e chegou à Itália antes mesmo da notícia da sua partida. Chegando a Roma, foi ele, pela pressão do medo, eleito imperador pelo Senado, e assassinado Juliano. Depois disso, restavam ainda duas dificuldades a Severo para se assenhorear de todo o Estado: uma, na Ásia, onde Pescênio Negro, chefe dos exércitos asiáticos, se proclamara imperador; e outra no Ocidente, onde Albino também queria subir ao império. E como julgasse perigoso declarar-se inimigo dos dois, deliberou atacar Pescênio Negro e enganar Albino. A este escreveu que, tendo sido eleito imperador pelo Senado, queria dividir com ele aquela honra; mandou-lhe o título de César e, por deliberação do Senado, tornou-o seu colega. Albino julgou que tais coisas fossem verdade, mas Severo, depois de ter vencido e matado Pescênio Negro e pacificado o Oriente, voltou a Roma e se queixou no Senado de que Albino, esquecido dos benefícios dele recebidos, tentara matá-lo traiçoeiramente e, por isso, era obrigado a ir punir a ingratidão. Depois, foi ao seu encontro, nas Gálias, e lhe tirou o governo e a vida.

Quem examinar cuidadosamente as ações deste homem acabará por julgá-lo um ferocíssimo leão e uma astutíssima raposa e verá que foi temido e reverenciado por todos e não odiado pelo exército, e não se admirará se ele — homem novo — pôde manter tão grande poder: é que a sua alta reputação o defendeu sempre daquele ódio que o povo lhe poderia ter votado, em virtude das suas rapinagens. E Antonino, seu filho, foi também homem que tinha excelente proceder, que o tornava maravilhoso no conceito do povo e benquisto pelos soldados, porque era militar, suportava otimamente qualquer fadiga e desprezava os manjares delicados e quaisquer outros elementos de conforto: isso era o suficiente para fazer com que se tornasse estimado por todos os exércitos. Não obstante, sua ferocidade e crueldade foram tão grandes e inauditas, que mandou matar grande número de particulares e assim sacrificou grande parte do povo de Roma e todo o de Alexandria, de tal modo que se tornou muitíssimo odiado por todos e começou a ser temido também por aqueles que com ele privaram e, afinal, foi assassinado por um centurião, em meio de seu exército. É de notar-se neste ponto que tais assassínios, deliberados por homens obstinados, são impossíveis de evitar pelos príncipes, pois que todo aquele que não temer a morte poderá executá-los. Não deve, porém, o príncipe temorizar-se, porque são muito raros. Deve apenas guardar-se de não injuriar gravemente alguma das pessoas de que se serve e que ele tem junto a si, a serviço do seu principado, como fez Antonino. Havia este assassinado indignamente um irmão daquele centurião e ainda ameaçava este todo dia; mas, apesar disso, conservou-o na sua guarda, o que vinha a ser coisa temerária e capaz de arruiná-lo, como aconteceu.

Passemos agora a Cômodo, a quem teria sido fácil manter o poder, por tê-lo alcançado *jure hereditario*, sendo filho de Marco, e lhe bastava apenas seguir as pegadas do pai para contentar o exército e o povo. Mas, como era de índole cruel e bestial, para poder usar da sua rapacidade contra o povo, pôs-se a favorecer os soldados e os tornou licenciosos; por outra parte, não se preocupando com a dignidade, descendo frequentemente às arenas para combater com os gladiadores e fazendo outras coisas vis, pouco dignas da majestade imperial, tornou-se desprezível no conceito dos soldados. Tendo-se tornado, dessa forma, odiado por uns e desprezado por outros, conspirou-se contra ele e foi assassinado. Resta-nos narrar as qualidades de Maximino. Este foi homem extraordinariamente belicoso e, estando os exércitos enfastiados com a passividade de Alexandre, de que falei antes, morto este, elegeram-no para o governo. Maximino, porém, não reinou por muito tempo porque duas coisas o tornaram odiado e desprezado: primeiro, ser de baixa extração, pois já fora pastor na Trácia (fato que era conhecido por todos e o rebaixava muito no conceito de toda a gente); segundo, tendo, quando da sua elevação ao império, adiado a sua ida a Roma para entrar na posse da dignidade imperial, dera de si fama de ser muito cruel, pois por intermédio dos seus prefeitos, em Roma e em toda parte, perpetrara numerosas perversidades. Assim, movido todo o mundo pelo desprezo de sua baixa ascendência e cheio de ódio pelo temor da sua ferocidade, surgiram as conspirações. Revoltou-se primeiramente a África; depois, o Senado e todo o povo romano, e, mais tarde, toda a Itália esteve contra ele. Juntou-se a esse movimento o seu próprio exército, o qual estava em campanha, sitiando Aquileia e, tendo encontrado dificuldade para isso, enraivecido pela crueldade do príncipe, suprimiu-o, pois o viu cercado de inimigos e já não o temia.

Não quero falar de Heliogábalo, nem de Macrino, nem de Juliano, os quais, por terem sido inteiramente menosprezados, extinguiram-se logo; não quero falar destes, dizia, e sim passar à conclusão deste assunto. Assim, digo que os príncipes dos nossos tempos no seu governo não têm esta dificuldade de dar satisfações exorbitantes aos soldados, pois, não obstante se deva ter para com aqueles certa consideração, rapidamente resolve-se a situação, por não ter nenhum desses príncipes um exército que se tenha desenvolvido com os governos e administrações das províncias, como era nos exércitos do império romano. E, se naquela época era necessário satisfazer mais aos soldados do que ao povo, agora é mais necessário a todos os príncipes — exceto ao grão-turco e ao sultão do Egito — satisfazer mais ao povo do que ao exército, porque este é menos poderoso do que aquele. Excetuo o grão-turco pelo fato de conservar este em torno de si 12 mil infantes e 15 mil soldados de cavalaria, sendo que disso dependem a segurança e o poder do seu reino. É necessário, portanto, que, em lugar de qualquer outra consideração para com outrem, aquele seja amigo dos exércitos. A mesma coisa sucede ao reino do sultão do Egito; estando tudo nas mãos dos soldados, convém também a ele mantê-los como seus amigos, sem se preocupar com o povo.

E deve-se notar que este reinado do sultão é diferente de todos os outros principados porque é semelhante ao papado, o qual não se pode classificar nem como principado hereditário, nem como principado novo, posto que não são os filhos do príncipe antigo que se tornam herdeiros e ficam senhores, mas sim aqueles que são elevados a esse posto por aqueles que têm autoridade. E, como isso seja uma antiga instituição, não se pode chamar de principado novo; e também porque naqueles não existem as dificuldades existentes nestes, pois, embora o príncipe seja novo, a organização do Estado é velha. E os governantes são obrigados a recebê-lo como se fossem senhores hereditários.

Voltemos, porém, ao nosso assunto. Direi que quem considerar o que acima referi verá como o ódio ou o desprezo foram causas da ruína dos imperadores mencionados e conhecerá também os motivos por que, parte daqueles procedendo de uma forma, e outros, de maneira contrária, alguns deles terminaram bem e outros tiveram triste fim; e também por que a Pertinax e Alexandre, por serem príncipes novos, foi inútil e danoso querer imitar Marco, que no principado estava *jure hereditario.* Igualmente, por que a Caracala, Cômodo e Maximino foi pernicioso imitar a Severo, por não terem possuído tanta virtude que bastasse para que pudessem seguir-lhe o caminho. Um príncipe novo, num principado novo, não pode, portanto, imitar as ações de Marco, nem, da mesma forma, é necessário imitar as de Severo. Deve, sim, aproveitar de Severo as qualidades que forem necessárias para fundar o seu Estado e, de Marco, aproveitar as que sejam gloriosas e convenham para manter um Estado que já esteja estabelecido e firme.

Capítulo XX
Se as fortalezas e muitas outras coisas que dia a dia são feitas pelo príncipe são úteis ou não

Alguns príncipes, para manter seguramente o Estado, desarmaram os seus súditos, outros dividiram as cidades conquistadas conservando facções para combater-se mutuamente, outros alimentaram inimizades contra si mesmos, outros dedicaram-se à conquista do apoio daqueles que lhe eram suspeitos no início de seu governo, alguns outros edificaram fortalezas, outros, ainda, as arruinaram. E, se bem que todas estas coisas não se possam julgar em definitivo, se não se examinarem as particularidades dos Estados onde se tivesse que tomar qualquer destas deliberações, falarei, contudo, de um ponto de vista geral, compatível com a própria matéria.

Nunca um príncipe novo desarmou os seus súditos, antes, sempre que os encontrou desarmados, armou-os. Essas armas ficarão tuas e se tornarão fiéis aqueles que te eram suspeitos, mantêm-se fiéis aqueles que já o eram, e de súditos se transformam em teus auxiliares. E como não se pode armar a todos os súditos, uma vez que beneficies àqueles a quem armas, podes agir mais seguramente com relação aos outros. A diferença de tratamento para com aqueles obriga-os para contigo, e os outros irão te desculpar julgando necessário que maior recompensa tenham os que estão expostos a maiores perigos e estão mais ligados a ti por efeito mesmo dessas obrigações.

Desarmando-os, principias por ofendê-los, mostrando que duvidas deles, seja porque és covarde, seja porque não confias neles. Qualquer destas opiniões criará ódio contra ti. E como não podes ficar desarmado, convém que te voltes para a milícia mercenária, cujas qualidades acima referi. Mesmo que fosse boa, não pode ter tanta força suficiente para te defender dos inimigos poderosos, e dos súditos suspeitos. Como disse, um novo príncipe, num principado novo, sempre organizou a força armada. Destes exemplos a história está cheia. Mas quando um príncipe conquista um novo Estado que seja anexado aos domínios, então é necessário desarmar aquele Estado, exceto aqueles que tenham colaborado contigo para que o conquistasses e mesmo a estes é necessário, com o tempo, tornar apáticos e amolecidos, de modo que todas as armas desse Estado estejam com teus próprios soldados, que viviam junto de ti no Estado antigo.

Os nossos antepassados, e aqueles que eram tidos como prudentes, costumavam dizer que Pistoia tinha de ser mantida pela divisão dos partidos, e Pisa pelas fortalezas, e assim agiam de maneira diversa nas cidades conquistadas para poder conservá-las mais facilmente. Essa era a política mais sábia provavelmente, naqueles tempos em que a Itália estava de certo modo equilibrada, mas não creio que possa servir hoje como preceito; não acredito que as divisões trouxessem qualquer bem; antes, pelo contrário, acontece que, quando o inimigo se avizinha, as cidades divididas perdem-se logo, porque a parte mais fraca aderirá às forças externas e a outra não se poderá manter. Os venezianos, obedecendo, como creio, às razões mencionadas, costumavam fomentar as facções guelfas e guibelinas nas cidades que estavam sob o seu domínio. E, se bem que não os deixassem chegar até a luta, alimentavam essas discordâncias, para que, ocupados os cidadãos naquelas suas diferenças, não se unissem contra eles. Isso, como se viu, não lhes deu bons resultados, porque, tendo os venezianos sido desbaratados em Vailá, algumas daquelas cidades tomaram ânimo e lhes arrebataram todos os territórios. Tal política revela, portanto, fraqueza do príncipe, porque, num principado poderoso, jamais se permitiam semelhantes divisões; elas são proveitosas apenas nos tempos de paz, podendo-se mediante esse sistema governar os súditos mais facilmente. Em vindo a guerra, porém, percebe-se a sua falácia. Os príncipes se tornam grandes, sem dúvida, quando superam as dificuldades e a oposição que se lhes movem. Assim, a fortuna, máxime quando quer engrandecer a um novo príncipe, o qual tem mais necessidade de conquistar reputação do que um hereditário, suscita-lhe inimigos que o guerreiam a fim de que tenha ele a oportunidade de vencê-los e subir mais, valendo-se daquela escada que os próprios inimigos lhe estendem. Muitos julgam, por isso, que um príncipe sábio, quando tiver ocasião, deve fomentar com astúcia certas inimizades contra ele mesmo, a fim de que, pela vitória sobre os inimigos, mais se possa engrandecer. Os príncipes, e principalmente os recentes, têm encontrado mais fé e maiores utilidades nos homens que no início do seu governo lhes eram suspeitos do que naqueles que, naquela ocasião, lhes haviam inspirado confiança. Pandolfo Petrucci, senhor de Siena, dirigia o Estado mais com o auxílio daqueles de quem suspeitara do que daqueles em que tivera confiança. Mas de tal matéria não é possível estabelecer regras gerais, pois variam muito as circunstâncias de cada caso. Direi apenas que os homens que foram hostis à fundação de um novo governo, para manter-se, carecem eles mesmos de apoio, o príncipe sempre poderá conquistá-los com grande facilidade. Eles, por sua vez, são forçados a servi-lo com tanto maior lealdade quanto reconheçam a necessidade de anular, pelas ações, aquela péssima opinião que tinha o príncipe a seu respeito. Assim, a este aproveitam mais os serviços dos antigos adversários do que os daqueles que, por ter demasiada segurança, negligenciam os interesses do príncipe.

Agora, como a matéria mesmo o proporciona, não quero deixar de lembrar aos príncipes que tenham tomado recentemente a direção de um Estado, mediante o favor da população, que considerem bem que razão os terá levado a favorecê-los: e se ela não for afeição natural para com eles, e sim o descontentamento com o antigo governo, ao príncipe só muito dificilmente será possível conservar a amizade daqueles, pois será impossível satisfazê-los. E considerando bem, com os exemplos que há das coisas antigas e modernas, relativamente à razão deste fato, veremos que ao príncipe é muito mais fácil conquistar a amizade daqueles homens que estavam contentes com o regime antigo, sendo, portanto, seus inimigos, do que a daqueles que, por descontentes, fizeram-se seus amigos e aliados, ajudando-o na conquista do Estado.

Tem sido hábito dos príncipes, para poder manter mais seguramente o seu Estado, edificar fortalezas que sejam o bridão e o freio dos que tivessem a intenção de atacá-lo e possuir um refúgio seguro no caso de sofrer um ataque inesperado. Louvo este modo de agir, porque é usado desde os tempos remotos; apesar disso, "messer" Niccolò Vitelli, em nossos tempos, viu-se na contingência de destruir duas fortalezas na Cidade do Castelo para poder manter aquele Estado. Guido Ubaldo, duque de Urbino, reconquistando o seu domínio, de onde fora expulso por César Bórgia, destruiu, desde os alicerces, todas as fortificações daquela província e julgou que sem elas seria mais difícil perder o Estado novamente. Os Bentivoglio, regressando a Bolonha, tiveram o mesmo procedimento. As fortalezas, portanto, são úteis ou não, segundo as circunstâncias, e se te fazem bem, por um lado, arruínam-te por outro. Pode-se explicar este fato da seguinte maneira: o príncipe que tiver mais medo do seu povo do que dos estrangeiros deve construir fortificações, mas aquele que tiver mais temor dos estranhos do que do povo não deve preocupar-se com isso. O castelo de Milão, edificado por Francesco Sforza, foi e será maior motivo de perturbações para a casa dos Sforza do que outra coisa naquele Estado. Mas ainda a melhor fortaleza que possa existir é o não ser odiado pelo povo, pois que, se tiveres fortificações e fores odiado por ele, elas não poderão salvar-te, pois não faltam nunca aos povos rebelados príncipes estrangeiros que desejem ajudá-los. Em nossos tempos, observa-se que as fortalezas não deram proveito a nenhum príncipe, a não ser à condessa de Forli, quando morreu o conde Girolano,[25] seu esposo, porque, graças às fortalezas é que pôde escapar à fúria popular e esperar socorros de Milão, conservando assim o seu Estado. E a época era tal que os de fora não podiam socorrer o povo. Sem embargo, também à condessa de Forli as fortalezas pouco adiantaram, quando César Bórgia lhe assaltou o Estado e o povo, inimigo daquela, formou ao lado do conquistador. Portanto, quer nessa ocasião, quer antes, teria sido mais seguro para ela não ser odiada pelo povo do que possuir fortalezas. Considerando-se, pois, todas estas coisas, louvarei os que construírem fortalezas e também os que não as construírem, e lamentarei aqueles que, fiando-se em tais meios de defesa, não se preocuparem com o fato de serem odiados pelo povo.

Capítulo XXI
O que a um príncipe convém realizar para ser estimado

Nada faz estimar tanto um príncipe como os grandes empreendimentos e o dar de si raros exemplos. Temos, nos nossos tempos, Fernando de Aragão, atualmente rei da Espanha. A este príncipe pode-se chamar quase que de novo, porque de um rei fraco se tornou, pela fama e pela glória, o primeiro rei cristão; e se considerardes as suas ações, vereis que são todas altíssimas, havendo algumas extraordinárias. No começo de seu reinado, assaltou Granada e esse empreendimento constituiu a base de seu Estado. Primeiro, agiu despreocupadamente e com a certeza de que não seria impedido: os barões de Castela, com a atenção presa na guerra referida, não cogitavam fazer inovações. Fernando conquistava, então, naquele meio, reputação e autoridade sobre eles, que disso não se apercebiam. Com dinheiro da Igreja e do povo, pôde manter exércitos e, por uma longa guerra, assentar as bases do seu próprio renome como militar. Além disso, para poder lançar-se em maiores empresas, servindo-se sempre da religião, dedicou-se a uma piedosa crueldade, expulsando e livrando seu reino dos "marranos", exemplo extremo de piedade. Sob essa mesma capa de religião, assaltou a África; levou a efeito a expedição da Itália; mais tarde, assaltou a França, e assim sempre fez e urdiu grandes coisas, que mantiveram sempre em suspenso e cheios de admiração os ânimos de seus súditos, empolgados pela espera do sucesso final desses feitos. E nasceram estas suas ações de tal modo que, entre uma e outra, nunca deu tempo aos homens de poder agir contra ele. É ainda muito conveniente a um príncipe dar raros exemplos quanto ao seu governo (semelhante àqueles que se narram de "messer" Bernabó de Milão); quando alguém tenha realizado qualquer coisa de extraordinário, de bem ou de mal na vida civil, para premiá-lo ou puni-lo, o príncipe deve agir de modo tal que dê margem a largos comentários. E, sobretudo, deve um príncipe trabalhar no sentido de, em cada ação, conquistar fama de grande homem. É ainda estimado um príncipe quando sabe ser verdadeiro amigo e verdadeiro inimigo, isto é, quando, sem qualquer preocupação, age abertamente em favor de alguém contra um terceiro. Esse partido será sempre mais útil do que o conservar-se neutro, porque se dois poderosos vizinhos teus se puserem a brigar, ou são de qualidade que, vencendo um deles, tenhas que temer o vencedor, ou não. Em qualquer caso ser-te-á sempre mais útil descobrir-te e fazer guerra de fato, porque no primeiro caso, se não te descobrires, serás sempre presa de quem vencer, com grande prazer daquele que foi vencido, e não tens razão nem coisa alguma em tua defesa, nem quem te acolha. Quem vence não quer amigos suspeitos e que não ajudem nas adversidades; quem perde nunca te aceitará porque não quiseste, de armas na mão, correr a mesma sorte. Foi Antíoco para a Grécia a chamado dos etólios para expulsar os romanos. Antíoco enviou embaixadores aos aqueus, que eram aliados dos romanos, para concitá-los a se manterem neutros; por outro lado, os romanos tratavam de persuadi-los para que tomassem armas contra aquele. Esta matéria veio a discutir-se no concílio dos aqueus, onde o delegado de Antíoco tratava de fazer com que se mantivessem neutros, ao que o delegado dos romanos respondeu: "*Quod autem isti dicunt non interponendi vos bello, nihil magis alienum rebus vestris est; sine gratia, sine dignitate, praemium victoris eritis.*"[26] E acontecerá sempre que aquele que não é teu amigo pedir-te-á que sejas neutro e aquele que é teu amigo pedirá que tomes de armas abertamente. E os príncipes irresolutos, para se afastarem destes perigos, seguem, as mais das vezes, aquela linha neutra e quase sempre são malsucedidos. Mas, quando corajosamente tomas partido franco por um dos contendores, se aquele com quem te ligaste vencer, ainda que seja poderoso e que fiques à sua mercê, terá ele obrigações para contigo e é compelido a ter amizade por ti; e os homens não são nunca tão maus que queiram oprimir a quem devem ser gratos. Ademais, as vitórias não são nunca tão completas que o vencedor não tenha que levar em conta outras considerações, principalmente de justiça.

Mas, se aquele a quem ajudas perder, serás socorrido por ele quando puder e, nesse caso, ficarás ligado a uma fortuna que pode ressurgir. No segundo caso, quando os combatentes são tais que não tenhas de te arrecear da vitória de qualquer, a tua aliança com um deles é tanto mais prudente quanto assim provocarás a ruína de um com o auxílio de quem o deveria salvar, se fosse sábio, e, vencendo tu, o teu aliado ficará à tua discrição e é impossível que não vença com a tua ajuda.

Note-se agora que um príncipe deve ter o cuidado de não fazer aliança com um que seja mais poderoso, senão quando a necessidade o compelir, como se expôs acima, pois que, vencendo, ficará prisioneiro do aliado; e os príncipes devem evitar o mais que possam a situação de estar à mercê de outrem. Os venezianos aliaram-se com a França contra o duque de Milão, e podiam deixar de efetuar tal união; e desse fato resultou a ruína deles. Mas quando não se pode deixar de fazer aliança, como aconteceu com os florentinos quando o papa e a Espanha foram assaltar a Lombardia pelas armas, então o príncipe deve aderir, pelas razões acima. Não pense nunca nenhum governo poder tomar decisões absolutamente certas; pense antes em ter que tomá-las sempre incertas, pois isto está na ordem das coisas, que nunca deixa, quando se procura evitar algum inconveniente, de incorrer em outro. A prudência está justamente em saber conhecer a natureza dos inconvenientes e adotar o menos prejudicial como sendo bom.

Deve ainda um príncipe mostrar-se amante das virtudes e honrar os que se revelam grandes numa arte qualquer. Além disso, deve animar os seus cidadãos e exercer livremente as suas atividades, no comércio, na agricultura e em qualquer outro terreno, de modo que o agricultor não deixe de enriquecer as suas propriedades pelo temor de que lhe sejam arrebatadas e o comerciante não deixe de desenvolver o seu negócio por medo de impostos. Pelo contrário, deve constituir prêmios para os que quiserem realizar tais coisas e para todos os que, por qualquer maneira, pensarem em ampliar a sua cidade ou o seu Estado. Além disso, deve, nas épocas propícias do ano, proporcionar ao povo festas e espetáculos. E como todas as cidades estão divididas em artes ou corporações de ofício, deve ocupar-se muito destas, indo ao seu encontro algumas vezes, dar provas de afabilidade e munificência, mantendo sempre integral, contudo, a majestade da sua dignidade, a qual não deve faltar em nada.

Capítulo XXII
Dos ministros dos príncipes

Não é de pequena importância para um príncipe a escolha dos seus ministros, os quais são bons ou não, segundo a prudência daquele. E a primeira conjetura que se faz, a respeito das qualidades de inteligência de um príncipe, repousa na observação dos homens que ele tem ao seu redor. Quando estes são competentes e fiéis, pode-se reputá-lo sábio, porque soube reconhecer as qualidades daqueles e mantê-los fiéis. Mas, quando não são assim, pode-se ajuizar sempre mal do senhor, porque o primeiro erro que cometeu está nessa escolha. Não houve ninguém que, conhecendo o "messer" Antônio da Venafro como ministro de Pandolfo Petrucci, senhor de Siena, não julgasse a este um homem de muito valor pelo fato de ter escolhido Venafro para seu ministro. E como há três espécies de cabeças — uma que entende as coisas por si mesma, outra que sabe discernir o que os outros entendem e, finalmente, uma que não entende nem por si, nem sabe ajuizar do trabalho dos outros (a primeira é excelente, a segunda, muito boa e a terceira, inútil) —, estavam todos de acordo, necessariamente, que, se Pandolfo não estava no primeiro caso, estava pelo menos no segundo. Uma vez que se tem capacidade para conhecer o bem e o mal que outrem diga ou pratique, ainda que não tenha iniciativa própria, reconhecem-se as boas e más qualidades do ministro, exaltando as primeiras e corrigindo as segundas. O ministro, assim, não pode ter esperança de enganar o príncipe e se conserva bom.

Mas, para que um príncipe possa conhecer bem o ministro, há este modo que não falha nunca: quando vires que o ministro pensa mais em si próprio do que em ti, e que em todas as suas ações procura tirar proveito pessoal, podes ter a certeza de que ele não é bom, e nunca poderás fiar-te nele; aquele que tem em mãos os negócios de Estado não deve pensar nunca em si próprio, mas sempre no príncipe e nunca lembrar-lhe coisas que estejam fora da esfera do Estado.

Por outra parte, o príncipe, para assegurar-se do ministro, deve pensar nele, honrando-o, fazendo-o rico, obrigando-o para consigo, fazendo-o participar de honrarias e cargos, de modo que as muitas honrarias não lhe façam desejar outras, as muitas riquezas não lhe façam desejar maiores e os muitos cargos não lhe façam temer mutações. Quando, pois, os ministros, e os príncipes com relação a estes, são assim, podem confiar uns nos outros; de outra forma, o fim será sempre mau para uns ou outros.

Capítulo XXIII
De como se evitam os aduladores

Não quero deixar de tratar de um capítulo importante sobre um erro do qual os príncipes só com dificuldade se defendem, se não são muito prudentes ou não fazem boa escolha. Refiro-me aos aduladores de que as cortes estão cheias; porque os homens se comprazem tanto nas coisas próprias e de tal modo se enganam nestas, que é com dificuldade que se defendem dessa peste; querendo-se evitá-la, há o perigo de se ser desconsiderado, pois não há outro modo de guardar-se da adulação, senão fazer com que os homens entendam não fazer-te ofensa por dizer a verdade; mas, quando todos podem dizer-te a verdade, irão te faltar ao respeito. Um príncipe prudente deve, portanto, conduzir-se de uma terceira maneira, escolhendo no seu Estado homens sábios e só a estes deve dar o direito de falar-lhe a verdade a respeito, porém, apenas das coisas que ele lhes perguntar. Deve consultá-los a respeito de tudo e ouvir-lhes a opinião e deliberar depois como bem entender e, com conselhos daqueles, conduzir-se de tal modo que eles percebam que com quanto mais liberdade falarem, mais facilmente as suas opiniões serão seguidas. Procedendo doutro modo, o príncipe ou é precipitado pelos aduladores ou varia muitas vezes de parecer; daí se origina a falta de confiança. Quero, a este propósito, aduzir um exemplo moderno: o bispo Lucas, homem de Maximiliano, o atual imperador, falando de Sua Majestade, disse que este não se aconselhava com pessoa alguma, mas também nunca se fiava unicamente no seu próprio juízo; isso se explica pelo fato de ele não seguir nunca o conselho acima, pois o imperador, sendo homem discreto, não comunica os seus desígnios a ninguém e a ninguém pede parecer. Mas, na ocasião de pôr em prática as suas decisões, os desígnios começam a ser conhecidos e manifestos, e, pois, a serem contraditos pelos que lhe estão em torno, e compreende-se então facilmente que o imperador se afasta do que tenha resolvido. Daí resulta que as coisas que faz num dia destrói no outro e que não se saiba nunca o que ele quer e ninguém pode prever as suas deliberações.

Um príncipe deve, portanto, aconselhar-se sempre, mas quando ele entender e não quando os outros quiserem; antes, deve tirar a vontade a todos de aconselhar alguma coisa sem que ele solicite. Todavia, deve perguntar muito e ouvir pacientemente a verdade acerca das coisas perguntadas. Até, achando que alguém, por qualquer temor, não lhe diga a verdade, não deve o príncipe deixar de mostrar o seu desprazer. Muitos entendem que os príncipes que granjearam fama de prudentes devem-no não à sua natureza, mas aos bons conselhos dos que lhe estão ao redor. É um erro manifesto, porque é regra geral que não falha nunca: um príncipe que não seja prudente por si mesmo não pode ser bem aconselhado, se por acaso não acatar o juízo de um só, muito sábio, que entenda de tudo. Este caso podia acontecer, mas duraria pouco, porque aquele que governasse de fato em breve tempo lhe tomaria o Estado. Mas aconselhando-se com mais de um, um príncipe que não seja sábio não terá nunca unidade de conselhos nem saberá por si mesmo harmonizá-los. Cada um dos conselheiros pensará como quiser e ele não saberá corrigi-los nem ajuizar a respeito. E não pode ser de outra maneira, pois os homens irão te sair sempre maus, se por necessidade não se fizerem bons. O que se conclui daí é que os bons conselhos, de onde quer que provenham, nascem da prudência do príncipe e não a prudência do príncipe, dos bons conselhos.

Capítulo XXIV
Por que os príncipes de Itália perderam seus Estados

Se forem observadas prudentemente as coisas referidas, o príncipe novo parecerá de ascendência antiga e se tornará assim mais seguro e firme no Estado, do que se ele de fato aí estivesse há muito tempo. Um príncipe recente é muito mais vigiado em suas ações do que um hereditário, e quando essas ações revelam virtude, atraem muito mais aos homens e os obrigam muito mais do que a antiguidade do sangue. É que os homens são muito mais sujeitos às coisas presentes do que às passadas e, quando encontram o bem naquelas, alegram-se e nada mais procuram, antes, tomarão a defesa do príncipe se este não falhar nas outras coisas às suas promessas. E ele, dessa forma, terá a dupla glória de ter fundado um principado novo e de o ter ornado e fortalecido com boas leis, boas armas e bons exemplos, assim como um antigo príncipe terá a dupla vergonha se, tendo nascido príncipe, perder o Estado pela sua pouca prudência.

E, se considerarmos aqueles senhores que, em nossos tempos, na Itália, perderam seus Estados, como o rei de Nápoles, o duque de Milão e outros, encontraremos neles, primeiro, um defeito comum quanto às armas, pelas razões já mencionadas; depois se verá que alguns deles, ou foram hostilizados pelo povo, ou, no caso contrário, não souberam neutralizar os grandes, porque sem estes defeitos não se perdem Estados tão fortes que possam pôr um exército em campo.

Filipe da Macedônia, não o pai de Alexandre, mas o que foi vencido por Tito Quinto, não tinha domínios muito extensos, em comparação à grandeza dos romanos e da Grécia, que o assaltaram: apesar disso, por ser um bom militar e homem que sabia não se tornar malquisto do povo e assegurar-se dos poderosos, fez a guerra muitos anos contra aqueles, e se, afinal, perdeu algumas cidades, ficou-lhe contudo o reino.

Assim, esses nossos príncipes que possuíram, por muitos anos, seus principados, para depois perdê-los, não acusem a sorte, mas sim a sua própria ignávia: porque não tendo nunca nas boas épocas pensado em que os tempos poderiam mudar (e é comum nos homens não se preocupar, na bonança, com as tempestades), quando vieram tempos adversos, pensaram em fugir e não em defender-se e esperaram que as populações fatigadas da insolência dos vencedores os chamassem novamente. Esse recurso é bom, mas quando os outros falham; é bem mau, porém, deixar os outros remédios em troca desse.

Não desejarias cair só por creres que encontres quem te levantasse. Isso, ou não acontece, ou, se acontecer, não te dará segurança, porque é fraco meio de defesa o que não depende de ti. E somente são bons, certos e duradouros os meios de defesa que dependem de ti e do teu valor.

Capítulo XXV
De quanto pode a fortuna nas coisas humanas e de que modo se deve resistir-lhe

Não me é desconhecido que muitos têm tido a opinião de que as coisas do mundo são governadas pela fortuna e por Deus, de sorte que a prudência dos homens não pode corrigi-las, e mesmo não lhes traz remédio algum. Por isso, seria possível julgar que não deve alguém incomodar-se muito com elas, mas deixar-se governar pela sorte. Esta opinião é grandemente aceita nos nossos tempos pela grande variação das coisas, o que se vê todo dia, fora de toda conjectura humana. Às vezes, pensando nisso, me tenho inclinado a aceitá-la. Não obstante, e porque o nosso livre-arbítrio não desapareça, penso poder ser verdade que a fortuna seja árbitra de metade de nossas ações, mas que, ainda assim, ela nos deixe governar quase a outra metade. Comparo-a a um desses rios impetuosos que, quando se encolerizam, alagam as planícies, destroem as árvores, os edifícios, arrastam montes de terra de um lugar para outro: tudo foge diante dele, tudo cede ao seu ímpeto, sem poder obstar-lhe e, se bem que as coisas se passem assim, não é menos verdade que os homens, quando volta a calma, podem fazer reparos e barragens, de modo que, em outra cheia, aqueles rios correrão por um canal e o seu ímpeto não será tão livre nem tão danoso. Do mesmo modo, acontece com a fortuna; o seu poder é manifesto onde não existe resistência organizada, dirigindo ela a sua violência só para onde não se fizeram diques e reparos para contê-la.

E, se considerardes a Itália, que é a sede e a origem destas revoluções, vereis que é ela como uma região sem diques e sem nenhuma barreira, e que, se fosse convenientemente protegida como a Alemanha, a Espanha e a França, ou as cheias não causariam as variações que há, ou mesmo não se teriam verificado. E com isso creio ter dito bastante acerca dos obstáculos que se podem opor à sorte, em geral.

Mas, restringindo-me aos casos particulares, digo que se vê hoje o sucesso de um príncipe e amanhã a sua ruína, sem ter havido mudança na sua natureza, nem em alguma das suas qualidades. Creio que a razão disso, conforme o que se disse anteriormente, é que, quando um príncipe se apoia totalmente na Fortuna, arruína-se segundo as variações daquela. Também julgo feliz aquele que combina o seu modo de proceder com as particularidades dos tempos e infeliz o que faz discordar dos tempos a sua maneira de proceder. Em relação aos caminhos que os levam à finalidade que procuram, isto é, glória e riquezas, costumam os homens proceder de modos diversos: um com circunspecção, outro com impetuosidade, um pela violência, outro pela astúcia, um com paciência, outro com a qualidade contrária, e cada um por estes diversos modos pode alcançar aqueles objetivos. Vê-se que, de dois indivíduos cautelosos, um chega ao seu desígnio e outro não, e do mesmo modo, dois igualmente felizes, com dois modos diversos de agir, são um circunspecto e outro impetuoso, o que resulta apenas da natureza particular da época, e com a qual se conforma ou não o seu procedimento. Assim, como disse, dois agindo diferentemente alcançam o mesmo efeito, e, dois agindo igualmente, um vai direto ao fim e o outro, não. Disso dependem também as diferenças da prosperidade, pois se um se conduz com cautela e paciência e os tempos e as coisas lhe são favoráveis, o seu governo prospera e disso lhe advém felicidade. Mas se os tempos e as coisas mudam, ele se arruína, porque não alterou o modo de proceder. Não se encontra homem tão prudente que saiba acomodar-se a isso, que por não se poder desviar daquilo a que a natureza o impele, quer porque, tendo alguém prosperado num caminho, não pode resignar-se a abandoná-lo. Ora, o homem circunspecto, quando chega a ocasião de ser impetuoso, não o sabe ser, e por isso se arruína, porque, se mudasse de natureza, conforme o tempo e as coisas, não mudaria de sorte. O papa Júlio II procedeu em todas as coisas impetuosamente e encontrou tanto o tempo como as coisas conforme àquele seu modo de proceder, de forma que sempre alcançou êxito. Considerai a primeira expedição que realizou em Bolonha quando ainda vivia "messer" Giovanni Bentivoglio. Os venezianos estavam contra o papa; o rei da Espanha, também. Enquanto ainda discutia com a França a respeito da expedição, começou a executá-la, pessoalmente, com violência e impetuosidade.

Essa atitude fez com que se mantivessem inativos a Espanha e os venezianos: estes, por medo, e aquela pelo desejo de recuperar todo o reino de Nápoles. De outro lado, fez-se seguir pelo rei da França, porque tendo visto que ele começara a mover-se e desejando conservar a sua amizade para humilhar os venezianos, julgou não poder negar-lhe a sua gente sem com isso cometer uma injúria manifesta. Júlio realizou, portanto, com sua atitude impetuosa, o que nenhum outro pontífice, com toda a humana prudência, poderia realizar, pois se, para partir de Roma, esperasse ter todos os planos assentados e tudo organizado, como qualquer outro pontífice teria feito, jamais teria conseguido o que conseguiu, porque o rei da França teria arranjado mil desculpas e os outros lhe teriam infundido mil receios. Não quero falar das suas outras ações, todas iguais e todas felizes. A brevidade do seu reinado não lhe fez experimentar reveses; se chegasse o tempo de proceder com circunspecção, veríamos a sua ruína, pois que ele nunca se desviaria do rumo para o qual o impelia sua natureza. Concluo, portanto, por dizer que, modificando-se a sorte, e mantendo os homens, obstinadamente, o seu modo de agir, são felizes enquanto esse modo de agir e as particularidades dos tempos concordarem. Não concordando, são infelizes. Estou convencido de que é melhor ser impetuoso do que circunspecto, porque a sorte é mulher e, para dominá-la, é preciso bater-lhe e contrariá-la. E é geralmente reconhecido que ela se deixa dominar mais por estes do que por aqueles que procedem friamente. A sorte, como mulher, é sempre amiga dos jovens porque são menos circunspectos, mais ferozes e com maior audácia a dominam.

Capítulo XXVI
Exortação ao príncipe para livrar a Itália das mãos dos bárbaros

Consideradas, pois, todas as coisas antes referidas, e pensando comigo mesmo se, na Itália, os tempos presentes poderiam prometer honras a um príncipe novo e se havia matéria que desse, a um que fosse prudente e valoroso, oportunidade de introduzir uma nova ordem que lhe trouxesse fama e prosperidade para o povo, pareceu-me que há tantas coisas favoráveis a um príncipe novo que não sei de época mais propícia para a realização daqueles propósitos. E como disse ter sido necessário, para que se conhecesse a virtude de Moisés, que o povo de Israel estivesse escravizado no Egito; para que se conhecesse a grandeza de alma de Ciro, que os persas estivessem oprimidos pelos medas; e para se conhecer o valor de Teseu, que os atenienses estivessem dispersos — assim, presentemente, querendo-se conhecer o valor de um príncipe italiano, seria necessário que a Itália chegasse ao ponto em que se encontra agora. Que estivesse mais escravizada do que os hebreus, mais oprimida do que os persas, mais desunida que os atenienses, sem chefe, sem ordem, batida, espoliada, lacerada, invadida, e que houvesse, enfim, suportado toda sorte de calamidades. E, se bem que tenham surgido, até aqui, certas providências por parte de alguém, que se teria podido julgar fossem inspiradas por Deus, para a redenção do país, viu-se depois como, no mais alto curso de suas ações, foi abandonado pela fortuna.[27] Assim, tendo ficado como sem vida, espera a Itália aquele que lhe possa curar as feridas e ponha fim ao saque da Lombardia, aos tributos do reino de Nápoles e da Toscana, e que cure as suas chagas já há muito tempo apodrecidas. Vê-se que ela roga a Deus que envie alguém que a redima dessas crueldades e insolências dos estrangeiros. Vê-se, ainda, que se acha pronta e disposta a seguir uma bandeira, uma vez que haja quem a levante. E não se vê, atualmente, em quem ela possa esperar mais do que na vossa ilustre casa, a qual, com a fortuna e valor, favorecida por Deus e pela Igreja — a cuja frente está agora —, poderá constituir-se cabeça desta redenção. Isso não será muito difícil se vos voltardes ao exame das ações e vida daqueles de quem acima se fez menção. E, se bem que aqueles homens tenham sido raros e maravilhosos, foram, todavia, homens, e as ocasiões que tiveram — todos eles — foram menos favoráveis do que a presente: porque os seus empreendimentos não foram mais úteis do que estes nem mais fáceis, nem Deus foi mais amigo deles do que vosso. É muito justa esta minha asserção: "*Justum enim est bellum quibus necessarium, et via arma ubi nulla nisi armis spes est.*"[28] Aqui tudo está disposto favoravelmente; e onde isto se nota, não pode existir grande dificuldade para quem se dispuser a agir como aqueles que propus como exemplo. Além disso, veem-se aqui extraordinárias ações de Deus, como ainda não se teve exemplo: o mar se abriu, uma nuvem revelou o caminho, da pedra brotou água, aqui choveu o maná; tudo concorreu para a vossa grandeza. O que resta a fazer é tarefa que a vós compete. Deus não quer fazer tudo, para não nos tolher o livre-arbítrio e parte da glória que nos cabe. E não é motivo para maravilhar-se se algum dos já mencionados italianos não pôde fazer aquilo que se pode esperar da vossa ilustre casa e se, em tantas revoluções da Itália, em tantos trabalhos de guerra, parecer sempre que a virtude militar se tenha extinguido no país. A razão disso está em que as antigas instituições políticas não eram boas e não houve ninguém que tivesse sabido arranjar outras; e nunca coisa nenhuma deu tanta honra a um governante novo como as novas leis e regulamentos que elaborasse. Quando estas são bem fundadas e encerram grandeza, fazem com que ele seja reverenciado e admirado: e na Itália não faltam motivos para a realização desse trabalho.

Aqui existe bastante valor no povo, embora faltem chefes. Observai, nos duelos e nos torneios, quanto os italianos são superiores em força, destreza e inteligência. Mas tratando-se de exércitos, essas qualidades não chegam a revelar-se. E tudo provém da fraqueza dos chefes, pois aqueles que sabem não são obedecidos, e todos pensam saber muito, não tendo aparecido até agora nenhum cujo valor ou fortuna seja de tanto realce que obrigue os outros a abrir-lhe caminho. É por isso que em tanto tempo, em tantas guerras que se fizeram nestes últimos vinte anos, todo exército exclusivamente italiano sempre se saiu mal. É o que atestam Taro, depois Alexandria, Cápua, Gênova, Vailá, Bolonha, Mestre.

Querendo, pois, a vossa ilustre casa seguir o exemplo daqueles grandes homens e redimir suas províncias, é necessário, antes de mais nada, como verdadeira base de qualquer empreendimento, prover-se de tropas próprias, porque não existem outras mais fiéis nem melhores. E, embora cada soldado possa ser bom, todos juntos irão se tornar melhores ainda, quando se virem comandados pelo seu príncipe e por ele honrados e bem tratados. É necessário, pois, preparar essas armas, para se poder defender dos estrangeiros com a própria bravura italiana. E, apesar de serem consideradas formidáveis as infantarias suíças e espanholas, ambas têm defeitos, de modo que uma terceira potência que se criasse poderia não somente opor-se mas ter confiança na vitória. Os espanhóis não podem fazer frente à cavalaria e os suíços deverão ter medo das forças de infantaria quando as encontrarem tão obstinadas, tão fortes quanto eles nos combates. Já se viu e há de se ver ainda que os espanhóis não podem fazer face a uma cavalaria francesa e os suíços serem derrotados pela infantaria espanhola. E se bem que deste último caso não se tenha tido exemplo direto, teve-se uma amostra na jornada de Ravena, quando a infantaria espanhola enfrentou a alemã, que usa a mesma tática da suíça: os espanhóis, valendo-se da sua agilidade, e com o auxílio dos seus escudetes, haviam-se posto debaixo das lanças dos alemães e estavam certos de vencê-los, sem que estes pudessem ter salvação. E se não fosse o auxílio da cavalaria, todos eles teriam sido chacinados, efetivamente. Pode-se, portanto, conhecendo os defeitos destas duas espécies da infantaria, organizar uma terceira que resista à cavalaria e não tema a sua igual. E disso resultarão a formação de uma geração de guerreiros e a mudança de métodos. E são essas coisas que, reorganizadas, dão reputação e grandeza a um príncipe novo.

Não se deve, portanto, deixar passar esta ocasião a fim de fazer com que a Itália, depois de tanto tempo, encontre um redentor. Não tenho palavras para exprimir o amor e entusiasmo com que seria ele recebido em todas as províncias que sofreram ataques e invasões estrangeiras, nem com que sede de vingança, com que lágrimas. Que portas se lhe fechariam? Que povos lhe negariam obediência? Que inveja se lhe oporia? Qual italiano seria capaz de lhe negar o seu favor? Já está fedendo, para todos, este domínio de bárbaros. Tome, pois, a vossa ilustre casa esta tarefa com aquele ânimo e com aquela fé com que se esposam as boas causas, a fim de que, sob o seu brasão, esta pátria seja enobrecida e sob os seus auspícios se verifique aquele dito do Petrarca:

Virtù contro a furore
Prenderá l'arme; e *fia il combatter corto;*
Ché l'antico valore
Nelli italici cor non è ancor morto.[29]

Apêndice
Carta de Maquiavel a Francesco Vettori

Magnifico oratori Florentino Francesco Vettori apud Summum Pontificem et benefactori suo.
Romae.

Magnífico embaixador. Tardas jamais foram as graças divinas. Digo isto porque me parecia não ter perdido, mas enfraquecido a vossa graça, tendo estado vós tanto tempo sem escrever-me e eu estava em dúvida de onde pudesse vir a razão. E a todas as que me vinham à mente dava eu pouca importância, salvo àquela porque duvidava não houvésseis deixado de escrever-me, porque vos houvesse sido escrito que eu não fosse bom conservador de vossas cartas; e eu sabia que, Filippo e Pagolo exclusive, outros por mim não as haviam visto. Tive pela última vossa de 23 do mês passado, pelo que fico contentíssimo por ver quão ordenada e sossegadamente desempenhais este ofício público e animo-vos a continuardes assim, porque quem deixa seus cômodos pelos dos outros perde os seus e daqueles não recebe satisfação. E como a fortuna ordena todas as coisas, é preciso deixá-la fazer, deixar-se ficar e não lhe opor embaraço, e esperar o tempo em que ela consista aos homens fazer qualquer coisa e então vos ficará bem trabalhar mais, desvelar-se mais pelas coisas, e a mim partir da cidade e dizer: eis-me aqui. Não posso, portanto, desejando render-vos iguais graças, dizer-vos nesta carta outra coisa que não seja a minha vida, e se julgardes que deva trocá-la pela vossa, ficarei contente em mudá-la.

Permaneço na vila, e como seguiram aqueles meus últimos casos, não estive, para reuni-los todos, mais de vinte dias em Florença. Tenho, até agora, apanhado tordos à mão; levantava-me antes do dia, trabalhava à paina, afastava-me com um feixe de gaiolas sobre mim, que parecia o Geta quando ele voltava do porto com os livros de Anfitrião; apanhava pelo menos dois, no máximo seis tordos. E assim estive todo mês de setembro; depois este entretenimento, ainda que desprezível e estranho, faltou, com desgosto meu, e vos direi qual seja minha vida. Levanto-me de manhã com o sol e vou para um bosque meu onde mando fazer lenha, e ali fico duas horas a inspecionar as obras de véspera e a passar o tempo com os lenhadores, que têm sempre aborrecimento à mão ou entre si ou com os vizinhos. E a respeito deste bosque, eu vos teria a dizer mil belas coisas que me aconteceram, com Frosino da Panzano e com outros que queriam destas madeiras. E especialmente Frosino, que mandou buscar certas quantidades sem dizer-me nada, e ao pagamento queria reter dez liras, que dizia tinha a haver de mim faz quatro anos, que me ganhou no jogo de *cricca* em casa de Antônio Guicciardini. Comecei a fazer o diabo, querendo acusar de ladrão o carroceiro, que ali fora mandado por ele, *tandem* Giovanni Maquiavel entrou no meio e nos pôs de acordo. Battista Guicciardini, Filippo Ginorio, Tommaso del Bene e certos outros cidadãos, quando aquela ventania soprava, cada um me encomendou uma medida. Prometi a todos e mandei uma a Tommaso, a qual voltou a Florença pela metade, porque para medir havia ele, a mulher, a criada, os filhos, que pareciam o Gabbura quando na quinta-feira com seus rapazes bate num boi. De maneira que, visto em quem estava o lucro, disse aos outros que não tenho mais madeira; e todos disso fizeram questão importante, e especialmente Battista, que enumera esta entre as outras desgraças de Prato.

Saindo do bosque, vou à fonte, e daqui à caçada; tenho um livro comigo, ou Dante ou Petrarca, ou um destes poetas menores, como Tíbulo, Ovídio e semelhantes: leio aquelas suas amorosas paixões e aqueles seus amores, lembro-me dos meus, comprazo-me neste pensamento. Vou depois à hospedaria, à beira da estrada, falo aos que passam, pergunto pelas novas das suas terras, ouço uma porção de coisas e noto os vários gostos e diversas fantasias dos homens. Chega enquanto isso a hora de jantar e, com a minha gente, como o que esta minha pobre vila e fraco patrimônio comportam. Terminada a refeição, volto à hospedaria onde está o estalajadeiro e, ordinariamente, encontro-me com um açougueiro, um moleiro, dois forneiros. Com estes eu me entretenho o dia todo jogando *cricca*, *tric-tac*, e depois daí nascem mil contendas e infinitas insolências e injúrias e o mais das vezes se disputa um "quattrino" e somos ouvidos, não raro, a gritar, de San Casciano. Assim mergulhado nesta piolheira, estou com a cabeça mofada, desafogo a malignidade do meu destino, e até me contentaria em que me encontrásseis nesta estrada, para ver se ele se envergonha.

Chegando a noite, de volta a casa, entro no meu escritório: e na porta dispo as minhas roupas quotidianas, sujas de barro e de lama, e visto as roupas de corte ou de cerimônia, e, vestido decentemente, penetro na antiga convivência dos grandes homens do passado; por eles acolhido com bondade, nutro-me daquele alimento que é o único que me é apropriado e para o qual nasci. Não me envergonho de falar com eles, e lhes pergunto da razão das suas ações, e eles humanamente me respondem; e não sinto durante quatro horas aborrecimento algum, esqueço todos os desgostos, não temo a pobreza, não me perturba a morte: transfundo-me neles por completo. E, como disse Dante, não pode a ciência daquele que não guardou o que ouviu — noto aquilo de que pela sua conversação fiz cabedal e compus um opúsculo *De principatibus*, onde me aprofundo quanto posso nas cogitações deste tema, debatendo o que é principado, de que espécies são, como eles se conquistam, como eles se mantêm, por que eles se perdem; e se vos agradou alguma vez alguma fantasia minha, esta não vos deveria desagradar; e um príncipe, e máxime um príncipe novo, deveria recebê-lo com prazer; portanto eu o dedico à magnificência de Juliano. Filippo Casavecchia o viu; poder-vos-á pôr a par em parte e da coisa em si, e dos argumentos que tive que suprimir, se bem que ainda eu o aumente e corrija.

Vós desejaríeis, magnífico embaixador, que eu deixasse esta vida e fosse gozar convosco a vossa. Eu o farei de qualquer maneira, mas o que me tenta agora são meus negócios certos, que dentro de seis semanas terei concluído. O que me deixa em dúvida é que estão aí aqueles Soderini, aos quais seria forçado, indo aí, a visitá-los e a falar-lhes. Duvidaria que ao meu regresso eu não me pudesse apear em casa, e descavalgasse no Bargello, porque, embora este Estado tenha fortíssimas bases e grande segurança, *tamen* ele é novo, e por isto duvidoso, nem aí faltam sabichões que, para aparecer, como Pagolo Bertini, prejudicariam a outros e me deixariam as preocupações. Rogo-vos que tranquilizeis este meu temor, e depois irei no tempo mencionado a visitar-vos de qualquer modo.

Falei com Filippo sobre este meu opúsculo, se seria conveniente dá-lo a público ou não; caso conviesse, se seria bom que eu o levasse ou que o mandasse. Se o não desse fazia-me duvidar de que não só Juliano não o lesse, mas também de que este Ardinghelli se fizesse as honras deste meu último trabalho. Se o desse me satisfazia a necessidade que me prende, porque eu me estou consumindo e não posso ficar assim por mais tempo sem me tornar desprezível por pobreza. Ainda desejaria muito que estes senhores Médici começassem a se lembrar de mim se tivessem que começar a fazer-me voltear uma pedra; porque, se depois não ganhasse o seu favor, eu mesmo me lamentaria, pois que, quando lido o livro, veria-se que, durante os 15 anos em que estive em estudo da arte do Estado, não dormi, nem brinquei; e deveria a cada um ser caro servir-se daquele que à custa de outros fosse cheio de experiência. E da minha fé não se deveria duvidar, porque tenho sempre observado a fé, não vou agora rompê-la; e quem foi fiel e bom 43 anos, que eu tenho, não deve poder mudar sua natureza; e da minha fé e bondade é testemunho a minha pobreza.

Desejaria, portanto, que ainda me escrevêsseis aquilo que sobre esta matéria vos pareça, e a vós me recomendo. *Sis felix*.

Die 10 Decembris 1513.
NICOLAU MAQUIAVEL,
em Florença.

Glossário de nomes

Agátocles (317-289 a.C.). Príncipe de Siracusa. Venceu os cartagineses na África.

Alberico da Barbiano. Conde de Cunio. Foi o primeiro "condottiere" de tropas mercenárias, a "Companhia de S. Jorge", que combateu a favor do papa Urbano VI. Morreu em 1409.

Albinus, Decius Claudius. Comandante das legiões nas Gálias, derrotado por Septimius Severus, proclamado imperador pelas legiões do Danúbio.

Alexandre, o Grande (356-323 a.C.). Rei da Macedônia, estendeu pela Ásia o seu império.

Alexandre Severo. Imperador romano, último da dinastia dos Africanos, morto pela soldadesca, numa sublevação no Reno.

Alexandre VI, papa. Rodrigo Bórgia, nascido em 1º de janeiro de 1431, em Xativa, perto de Valência (Espanha), era sobrinho do papa Calisto III e estudou leis em Bolonha. O tio de Rodrigo o fez sucessivamente bispo e cardeal, vice-chanceler da Igreja. Em 25 de julho de 1492, morria o papa Inocêncio VIII. Reunido o conclave em 6 de agosto, a eleição do novo papa assumiu as proporções de um jogo de bolsa, tal era o negócio que se fazia com os votos dos cardeais. Os banqueiros de Roma forneciam o dinheiro para a luta entre os três candidatos mais prováveis: Giuliano della Rovere, apoiado pela França, Ascânio Sforza, irmão de Ludovico, o Mouro, e Rodrigo Bórgia, que, afinal pela compra dos votos de Ascânio, ganhou a partida. Rodrigo Bórgia, riquíssimo, comprara, à exceção de cinco, todos os votos do conclave. Ao papa Inocêncio, sucedeu com o nome de Alexandre VI, o pontífice que passou à história pela fama dos seus crimes. É assim que Pasquale Villari retrata Alexandre VI: "(...) e se bem que não conseguisse sempre dominar as suas paixões, deixando muito facilmente ver-se o seu pensamento, sabia ser, no entanto, ao mesmo tempo, simulador e dissimulador impenetrável. Não era homem de muita energia nem de propósitos firmes: tergiversava por natureza e por sistema". "A firmeza e a energia que lhe faltavam ao caráter eram, porém, supridas pela constância das más paixões que o cegavam." "Ambiciosíssimo de dinheiro, procurava-o por todos os meios e o gastava largamente. A paixão pelas mulheres o dominava sobre tudo; amava loucamente os filhos e queria fazê-los poderosíssimos." (*Niccolò Machiavelli e Suoi Tempi*, I. cap. VI.) Alexandre VI morreu em 18 de agosto de 1503. No dia seguinte, o seu corpo foi exposto, conforme o costume, em S. Pedro. "Foi o mais feio, monstruoso e horrendo cadáver jamais visto", diz o embaixador de Veneza, Antônio Giustiniano, "não tinha forma nem figura humana." Conservaram-no coberto e no mesmo dia o sepultaram quase clandestinamente, de temor da cólera do povo.

Amboise (D'), Georges (†1510). Cardeal de Ruão, conselheiro político de Luís XII que o fez governador da Lombardia. O cardeal impôs a Milão um tributo de guerra de trezentos mil ducados sob pretexto de que "era melhor tributar que saquear".

Amílcar Barca. Chefe do exército cartaginês na Sicília.

Aníbal. General cartaginês, filho de Amílcar Barca. Comandou os exércitos de Cartago contra Roma.

Antíoco III, da Síria. Da dinastia dos Selêucidas, este príncipe projetou restaurar o poderio dos seus antepassados. Concluiu, em 202 a.C., uma aliança com Filipe da Macedônia. Conquistou Éfeso (197 a.C.) e, transpondo o Helesponto, ocupou Sestos e Lismáquia, na Trácia, entrando assim em conflito com Roma. Aníbal, refugiado na corte selêucida, instigava a formação de uma vasta coligação mediterrânea antirromana (Síria, Cartago, Macedônia e os insurretos da Espanha). Antíoco foi completamente batido em Magnésia (189 a.C.) pelos exércitos romanos.

Aqueus. A Liga Aqueia, a qual, fundada em 281 a.C., estendeu a sua influência por quase toda a Grécia, tendo por fito combater as tiranias locais e resistir à hegemonia da Macedônia.

Aquiles. Herói da mitologia grega. Filho de Peleu e Tétis, participou da Guerra de Troia.

Baglioni, Giovan Paolo. Senhor de Perúgia, tomou parte na conspiração de La Maggione contra César Bórgia, que o expulsou (6 de janeiro de 1503).

Bentivoglio. Nome da casa dos senhores de Bolonha. Em 1445, Batista Canneschi, da família Canneschi, poderosa rival, assassinou Annibale Bentivoglio e proclamou-se partidário do duque de Milão com o apoio de quem desejava galgar o poder. Giovanni Bentivoglio foi expulso de Bolonha pelo papa Júlio II em 1506, mas o seu filho, o segundo Annibale Bentivoglio, voltou e governou de 1511 a 1512.

Bispo Lucas Rainaldi. Embaixador do imperador Maximiliano.

Bracceschi. Os partidários de Braccio, rivais dos "Sforzeschi".

Braccio di Montone, Andrea (1368-1424). "Condottiere". (Ver *Joana II, de Nápoles.*)

Camerino (senhor de). Giulio Cesare de Varano, feito prisioneiro por César Bórgia (1502) na conquista da Romanha.

Canneschi. Família bolonhesa, rival dos Bentivoglio.

Caracala, Antonius (211-217). Imperador romano, filho de Septimius Severus.

Carlos VII (1422-1461). Rei da França. Pôs termo à Guerra dos Cem Anos, libertando a França da Inglaterra. Organizou o primeiro núcleo do exército nacional francês.

Carlos VIII. Rei da França. Invadiu a Itália em 1494, sem encontrar resistência. Nos primeiros dias de março, fez o rei entrada solene em Lião para assumir o comando dos exércitos, cuja vanguarda era comandada por D'Aubigny. Apenas começado o assédio de Sarzana, Piero de Médici rendeu-se incondicionalmente. Florença rebelou-se e Piero fugiu para Veneza. Em 17 de novembro, os franceses entraram na cidade, donde saíram no dia 28, depois de receber um tributo em dinheiro. Em Roma, sob a pressão dos exércitos franceses, o papa Alexandre nomeou cardeal o bispo de S. Malô e concordou em que os franceses avançassem para Nápoles. Aí, Afonso de Aragão renuncia ao trono e foge para a Sicília. Os franceses entram na cidade em 22 de fevereiro de 1495. Os venezianos tomaram então a iniciativa de expulsar os franceses da Itália. A "Liga de Veneza" (Veneza, Milão, Espanha, o imperador da Alemanha e o papa), formada contra ele, forçou-o, depois da batalha indecisa de Fornovo, ou Taro (6 de julho de 1495), a voltar à França. Em 1496, pela intervenção de Fernando, rei da Espanha, os franceses deixaram definitivamente o território de Nápoles. Carlos VIII personifica o início da política francesa de conquista. Até Luís XI a política da França se reduzia à luta contra vassalos poderosos e pela unidade nacional. A conquista da Itália representava para os franceses a hegemonia no Mediterrâneo.

Carmagnola (conde de), Francesco Bussone (1390-1432). Combateu por Filippo Maria Visconti, duque de Milão, passando depois, em 1425, ao serviço de Veneza, e chegou a comandar os exércitos de Florença e Veneza, aliadas contra Milão. As forças milanesas, comandadas por Francesco Sforza, foram desbaratadas por Carmagnola em Maclódio (1427). Os venezianos, suspeitando de Carmagnola, tiraram-lhe o comando e o executaram.

César Bórgia (1475-1507). Filho de Alexandre VI. Foi criado cardeal de Valência (Espanha) em 1493. Tendo abandonado a carreira eclesiástica, foi feito, pelo rei da França, duque de Valentinois (donde lhe veio o nome que o povo lhe dava, de "Duque Valentino"), quando foi à França levar a bula de anulação do casamento de Luís XII e o chapéu cardinalício para Georges d'Amboise, arcebispo de Ruão (setembro 1498). Logo depois da entrada dos franceses em Milão (outubro 1499), César Bórgia tomou Imola e Forli, domínios de Caterina Riario Sforza; em 1500, apoderou-se de Rimini (Pandolfo Malatesta) e Pesaro, governada por Giovanni Sforza; em 1501, Faenza (Astorre Manfredi) e Piombino caem sob o seu poder; em 1502, Urbino (Guidobaldo da Montefeltro), Camerino (Giulio Cesare da Varano) e Sinigaglia (Francesco Maria della Rovere). A esse tempo, assumiu os títulos de duque da Romanha, de Valença e d'Urbino, príncipe de Andria, senhor de Piombino, gonfaloneiro e capitão-general da Igreja. A queda de Urbino ameaçava Florença, que apelou para o auxílio dos franceses. Valentino desistiu assim da conquista de Florença. Depois reconciliou-se com Luís XII e empreendia a conquista de Bolonha quando diversos capitães seus, na maior parte pequenos tiranos da Itália central, atemorizados pelos seus progressos, tramaram uma conspiração, dirigida pelos Orsini. Os conjurados, reunidos em La Maggione, combinaram uma liga contra Valentino, chegando as suas tropas a tomar o forte de S. Leão de Urbino e chamaram em seu socorro a República de

Florença (1502). As tropas de Valentino foram derrotadas pelos Orsini em Fossombrone. Aquele pediu, então, o auxílio dos franceses, enquanto Florença recusava auxiliar os conspiradores, chegando-se assim a um compromisso de paz, firmado entre o duque e Paolo Orsini. Valentino, pouco depois, vingou-se cruelmente destes. Morto Alexandre VI (agosto, 1503), Valentino deixa Roma para negociar o apoio dos franceses. Sua situação era má. Os Orsini, os Colonna, Gonsalvo, o comandante das forças espanholas no sul, tinham feito aliança contra ele. Rebentaram rebeliões em todas as cidades que conquistara. Voltando a Roma sem ter obtido o auxílio de Luís XII, Valentino viu-se obrigado, por causa da hostilidade dos Orsini, a refugiar-se no Castelo de Santo Ângelo. Também Júlio II, eleito papa com o apoio de Valentino, pôs-se em campo contra este, que estava virtualmente prisioneiro do papa. Em agosto de 1504, foi embarcado para a Espanha, mas, em 1506, tendo escapado, refugiou-se na França. Combateu ao lado do seu cunhado, o rei de Navarra, contra Castela, tendo sido morto, numa escaramuça, em 12 de março de 1507. "Valentino não era grande político nem grande capitão, mas uma espécie de capitão de bando cuja força procedia principalmente do papa e da França. Soubera criar um Estado do nada, inspirando terror a todos, enfim, ao próprio papa. Rodeado de grande número de inimigos poderosos e armados, livrou-se deles com grande audácia e arte infernal." (P. Villari, *op. cit.*, I, cap. V.)

Cipião (Publius Cornelius Scipio). General romano, vencedor de Aníbal, já tinha destruído o domínio cartaginês na Espanha, quando, reforçado por Massinissa, príncipe berbere aliado de Roma, desembarcou com quarenta mil homens, na África. Pela vitória de Zama ou Narragara (202 a.C.), os romanos aniquilaram definitivamente o império cartaginês.

Ciro (599 a.C.). Fundador da monarquia persa.

Colleoni da Bergamo, Bartolomeo (1400-1475). Célebre "condottiere", chefe dos exércitos de Veneza. Derrotado por Francesco Sforza, em Caravaggia, em 1448.

Colonna. Família romana rival dos Orsini.

Colonna, Cardeal Giovanni. Inimigo do papa Clemente VII, assaltou e saqueou Roma (1526).

Commodus Aurelius (180-192 a.C.). Imperador romano, filho de Marco Aurélio, a quem sucedeu. Foi assassinado.

Dario I (521-486 a.C.). Rei da Pérsia. Submeteu a Trácia e a Macedônia.

Dario III (337-330 a.C.). Derrotado por Alexandre.

Davi. Rei de Israel.

D'Este. Nome de família dos duques de Ferrara. 1) Ercole I d'Este (1471-1505), que foi derrotado pelos venezianos (1482-1484); 2) Afonso I d'Este (1505-1534), que foi desapossado de quase todos os seus domínios pelo papa Júlio II (durante a guerra movida por este contra a França (1510-1511). A casa de Ferrara era talvez a mais antiga casa reinante na Itália.

Dido. Rainha de Cartago.

Epaminondas. General tebano, fautor máximo da hegemonia de Tebas sobre a Grécia. Morreu na batalha de Mantineia (362 a.C.), onde os seus exércitos tiveram a vitória, contudo.

Etólios. Constituída em 314 a.C., a Liga Etólia compreendia, além deste povo, grande parte dos povos da Grécia central, da Acarnânia à Tessália meridional, chegando a granjear adesões no Peloponeso e nas cidades ultramarinas. Para intervir na Grécia, Roma explorou as rivalidades locais dos povos helênicos e, assim, formou uma aliança com os etólios e espartanos, para aniquilar o poderio da Macedônia, de quem era aliada a Liga Aqueia. A Liga Etólia foi dissolvida em 189 a.C.

Fabius Maximus. Ditador romano no tempo da Segunda Guerra Púnica. Passou à história com o cognome de *Cunctator* pela sua tática contemporizadora para com os exércitos de Aníbal, que saquearam durante quase um ano a península Itálica, sem que os romanos lhes fizessem frente.

Faenza (senhor de). Astorre Manfredi, filho de Galeotto Manfredi, assassinado com a conivência da mulher, da casa dos Bentivoglio, de Bolonha, que esperavam dominar Faenza. Pela intervenção de Florença foi assegurado o governo a Astorre, menino ainda.

Fernando, o Católico. Rei de Espanha (1469-1516). Com o casamento de Fernando de Aragão e Isabel de Castela, começa um novo período da história da Espanha. Com a conquista de Granada aos mouros, e da Navarra, completou-se a unidade nacional e expandiu-se a força da Espanha como potência europeia. Fernando interveio na Itália para fazer valer os seus direitos sobre o reino de Nápoles. Luís XII, da França, firmou, em 1500, com o rei católico um tratado secreto pelo qual foi convencionada entre os dois a conquista do reino de Nápoles, governado, então, por Frederico de Aragão. A partilha prevista no tratado consignava a parte norte do reino a Luís e a parte sul a Fernando. Os franceses, sob o comando de D'Aubigny, marcharam, em 1501, sobre a Itália; os aliados romperam o pacto, e os franceses foram derrotados pelos espanhóis, na batalha de Cerignola (1503). Derrotados, pela segunda vez no Garigliano, os franceses desistiram da conquista, e o Tratado de Blois sancionou a posse do reino de Nápoles pela coroa de Espanha (1504).

Filipe. Rei da Macedônia, pai de Alexandre, o Grande. Pela vitória de Queroneia, tornou-se árbitro de toda a Grécia.

Filipe V, da Macedônia (221-179 a. C.). Aliado de Aníbal contra os romanos, derrotado pelo cônsul Flaminius na batalha de Cinocéfalo (179 a.C.).

Filopêmenes (182 a.C.). Chefe do partido nacional grego, que resistiu durante toda a sua vida ao regime de protetorado romano sobre a Grécia.

Forli (senhora de). Caterina Sforza, neta de Francesco Sforza, filha ilegítima de Galeazzo Mario Sforza, casou-se com o senhor de Forli, Girolamo Riario, sobrinho do papa Xisto IV. Em 1488, Girolamo foi vítima de uma conspiração. Caterina, usando do estratagema de prometer aos conspiradores que iria induzir as tropas do Castelo de Forli a render-se, conseguiu juntar-se a elas e aí resistiu até chegarem reforços mandados por seu tio, Ludovico, o Mouro, duque de Milão. Em 1499, a população revoltou-se contra Caterina, que resistiu no castelo, até janeiro de 1500, quando César Bórgia atacou Forli.

Gracos. Tiberius Sempronius Gracchus e seu irmão Caius, tribunos romanos, chefes da plebe, mortos, respectivamente, em 133 e 121 a.C.

Guido Ubaldo ou **Guidobaldo da Montefeltro.** Duque de Urbino, foi expulso por Valentino em julho de 1502, mas conseguiu voltar com o apoio dos Orsini e dos Vitelli. Tendo entrado na conspiração de La Maggione contra Valentino, escapou à vingança deste fugindo para Veneza. Depois do declínio dos Bórgia, voltou para o seu ducado, morrendo em 1508.

Hawkwood (*Sir* John). Cavaleiro inglês que se tornou "condottiere" na Itália. Em 1363, pertenceu à "Companhia Branca", na luta de Pisa contra Florença, permanecendo fiel àquela quando a Companhia passou ao serviço dos florentinos. Depois, em 1390, combateu por Florença contra Milão, tendo sido obrigado a bater em retirada diante das forças de Giovan Galeazzo Visconti, duque de Milão. Morreu em Florença, em 1394.

Heliogábalo. Imperador romano, sobrinho e sucessor de Caracala.

Hierão (306-214 a.C.). Tirano de Siracusa.

Joana II, de Nápoles. Sucedeu ao seu irmão Ladislau, morto em 1414. Casou-se com Jaime de Bourbon, sob a condição de contentar-se ele com o título de príncipe de Taranto. Marido e mulher desavieram-se, e enfim Joana reinou sozinha, tendo tomado a soldo o "condottiere" Múzio Attendolo Sforza da Gotignola. Em 1420, Joana adotou como filho Afonso de Aragão, pois Múzio tentara usurpar-lhe o trono. A rainha tomou a seu serviço Braccio di Montone. Mas Afonso rompeu com a rainha, e Braccio o seguiu. Esta apela mais uma vez para Sforza, que expulsa Afonso de Nápoles.

Julianus, Marcus Ovidius (193). Imperador romano.

Júlio II, papa (Giuliano Della Rovere). Cardeal de S. Pietro "ad vincula", eleito papa, em 1503, depois do efêmero reinado de Pio III, sucessor de Alexandre VI, com o apoio de César Bórgia, de quem tinha sido adversário. Nascido em Savona, de origem humilde, tinha sessenta anos, quando foi levado ao papado. Riquíssimo por ter passado por muitos bispados, era homem sem muitos escrúpulos. Tinha a obsessão da potência e grandeza da Igreja. De caráter impetuoso e violento, contrário ao dos Bórgia, adversário implacável destes, não hesitou, porém, em combinar com Valentino a própria eleição, prometendo deixar-lhe o governo da Romanha. Júlio II, para alargar o poderio da Igreja, empreendeu a guerra contra Veneza, organizando, em dezembro de 1508, a Liga de Cambrai, com Maximiliano, imperador da Alemanha, os reis da França, da Espanha e da Inglaterra, os duques de Saboia e Ferrara, e o marquês de Mântua. Na batalha de Vailá (Agnadello), em 19 de maio do ano seguinte, os venezianos foram completamente derrotados pelos franceses, tendo estes ocupado grande parte da Lombardia, e as tropas imperiais avançado sobre Verona, Vicenza e Pádua. O papa apoderou-se da Romanha e das margens do Adriático. Com a retirada de Luís XII da Liga, Veneza recobrou Pádua e Vicenza. O papa, fazendo-se amigo de Veneza, dirigiu-se, em 1510, contra o duque de Ferrara, mas este, com o auxílio dos franceses, derrotou as tropas papais perto de Imola e entrou em Bolonha. Júlio II, para anular a influência da França na península, organizou depois, com a Espanha, Veneza e a Inglaterra, a "Santa Liga". Abriu-se nova campanha, em 1512, sendo os franceses vitoriosos em Ravena, sob o comando de Gaston de Foix. Não obstante, por pressão da infantaria suíça, os franceses foram obrigados a retirar-se de Milão e abandonar, pouco depois, o território italiano, definitivamente vencidos que foram, em Novara. O papa voltou-se contra Veneza e, aliado à Espanha e Milão, derrotou os exércitos venezianos, na batalha de Vicenza. Sobre as ações de Júlio II, lembre-se a passagem de P. Villari (*op. cit.*, I, cap. XV) que as resume assim: "Não libertara (o papa) a Itália dos estrangeiros. Ao contrário, por obra sua estava ela ocupada, pisada por alemães, espanhóis e suíços; mas tinha expulso os franceses, frustrado o Conciliábulo (de Pisa), reunido o concílio lateranense, estendido e reforçado o domínio temporal da Igreja, a cujas armas dera reputação, feito de Roma o centro principal dos negócios da Itália e do mundo. A esse ponto, caía doente e morria em 20 de fevereiro de 1503. 'Digno de grande glória', disse Guicciardini, 'se, em vez de ser papa, tivesse sido príncipe secular.'"

Leão X, papa (cardeal Giovanni de Médici) (1475-1521). Voltando os Médici a Florença, o primeiro cuidado do cardeal foi reformar o governo, no sentido de voltar o estado de coisas existente sob Lorenzo, o Magnífico, isto é, sob a aparência das velhas instituições republicanas, o governo era controlado pelos Médici, que se intitulavam patronos da república. Um contemporâneo diz: "Reduziu-se a cidade a não fazer senão a vontade do cardeal de Médici." À morte de Júlio

II, formou-se no conclave um partido dos cardeais novos para elevar o cardeal de Médici ao papado. Adversário dos franceses, favorito do papa defunto, liberal até a prodigalidade, letrado e de feitio diplomático, era um candidato já de antemão vencedor. Foi eleito a 1º de março de 1513 com o nome de Leão X.

Liverotto de Fermo (Oliverotto Effreducci de Fermo). Um dos que, sob a direção dos Orsini, conspiraram contra César Bórgia. Forçado pelas circunstâncias a entrar em entendimentos com os conspiradores, Valentino não se vingou imediatamente, mas, pouco depois, Oliverotto foi estrangulado em Sinigaglia (31 de dezembro de 1502).

Luís XI. Rei da França (1461-1483). Iniciador da unidade nacional francesa.

Luís XII. Rei da França. À morte de Carlos VIII (1498), extinguira-se o ramo primogênito dos Valois. Sucedeu-lhe no trono o duque de Orleans, com o nome de Luís XII. A casa de Orleans, pelas suas ligações com os Visconti, tinha pretensões ao ducado de Milão, e isso foi pretexto para que Luís XII continuasse a política de Carlos VIII, de conquista da Itália. Subindo ao trono, Luís repudiou a irmã de Carlos VIII para casar com a rainha viúva Ana de Bretanha. A anulação do casamento com aquela foi conseguida de Alexandre VI, Bórgia, em troca do apoio da França à conquista da Romanha pelo papa, que fez ainda cardeal ao arcebispo de Ruão, conselheiro do rei. Luís XII aliou-se, em 1499, a Veneza para a conquista do ducado de Milão, que deveria ser repartido entre ambos. A França mandou contra Ludovico, o Mouro (Sforza), que governava Milão, um grande exército, sob o comando de Gian Giacomo Trivulzio, milanês, com que se apoderou de Milão, enquanto os venezianos ocupavam o resto dos domínios do ducado. Ludovico refugiou-se na Alemanha, donde voltou à frente de um exército de suíços e alemães, reentrando em Milão em 1500, com o apoio da população descontente com o governo de Trivulzio. Mas, traído pelos suíços, na batalha de Novara, contra os franceses, no mesmo ano, o Mouro foi capturado e enviado para a França, onde morreu, dez anos depois. Luís XII impôs a Milão e às outras cidades pesados tributos de guerra e prometeu a Florença auxílios para a conquista de Pisa, que resistiu ao ataque. O rei rompeu com os florentinos, pois desvaneceram-se as suas esperanças de fazer com que a República pagasse uma parte das despesas do exército francês. Com os venezianos rompeu depois, entrando na Liga de Cambrai, organizada contra Veneza. Júlio II levantou-se contra o predomínio da França na Itália, depois de ter seguido no começo do seu papado a política dos Bórgia, simpática aos franceses. Luís XII tenta reunir um concílio (Conciliábulo de Pisa) que lhe dê licença de fazer guerra ao papa. (Ver *Alexandre VI*, *César Bórgia* e *Júlio II*.) Ao fim do seu reinado, porém, chegou-se ao papa, renunciando ao Conciliábulo de Pisa e submetendo a Igreja galicana ao concílio lateranense. Aliás, já Leão X sucedera a Júlio II. Luís XII morreu em 1515, aos 53 anos, pouco depois de ter-se casado com Maria de Inglaterra, jovem de 16 anos.

Macrinus (217-218). Imperador romano.

Marcus Aurelius (161-180). Imperador romano.

Marranos. Os mouros e judeus, que passavam ao cristianismo para evitar a perseguição, eram assim chamados na Espanha.

Maximiliano I. Imperador da Áustria (1493-1519). Filho de Frederico III. Rival das casas reinantes da Espanha. Genro de Carlos, o Temerário, disputou à coroa da França a sucessão deste ao ducado da Borgonha.

Maximinus, Julius Verus (225-228). Imperador romano. À morte de Alexandre Severo, inaugura-se a anarquia militar, personificada pelo trácio Maximino, que nem se deu ao trabalho de ir a Roma pedir ao Senado a sua confirmação. Toda a Itália aderiu à insurreição começada na África. Embora assassinado Maximino pelos seus próprios soldados, não pôde ser assegurada a vitória da unidade do Império.

Médici. Família que dominou em Florença desde o último quartel do século XIV. Viveram contemporaneamente com Maquiavel e são referidos em *O príncipe* os três filhos de Lorenzo, o Magnífico, dos quais dizia o pai que o primeiro (Piero) era louco, o segundo (Giovanni) esperto e o terceiro (Giuliano) bom.

Médici, Giovanni de. Ver *Leão X, papa*.

Médici, Giuliano de. Depois da eleição de Leão X, Giuliano foi feito capitão e gonfaloneiro da Igreja, sendo recebido em Roma com grandes festas. Tornou-se pelo seu casamento duque de Nemours e aliou-se, desde então, ao governo de Florença. "Dado aos prazeres além da medida, e por isso fisicamente enfraquecido, era de índole fantástica, que lhe fazia perder tempo na investigação do futuro; não lhe faltavam, porém, vagas e, às vezes, grandes ambições, nem impulsos generosos" (P. Villari, *op. cit.*, cap. XVI). Recusou o ducado de Urbino, oferecido pelo irmão papa. Terminado *O príncipe*, Maquiavel pensou em dedicá-lo a Giuliano, mas hesitou em fazê-lo, até que sobreveio a morte deste (1516), e endereçou então a Lorenzo a carta escrita a Giuliano.

Médici, Lorenzo de (1492-1519). Filho de Piero e sobrinho de Giovanni e Giuliano. Sucessor do duque de Urbino, desapossado por Leão X, que conseguiu depois o casamento de Lorenzo com Madalena de Latour d'Auvergne, da casa real da França (1518). A viagem nupcial de Lorenzo revestiu-se dum fausto que recordava a viagem de César Bórgia à França. Dócil instrumento do papa, que pensava instituir um Estado para Lorenzo, formado de Módena e Parma. O breve governo de Lorenzo em Florença encheu de esperanças a cidade, mas, doente e cansado, foi para Roma, onde morreu, poucos dias depois do nascimento de uma filha a qual foi depois rainha da França (Catarina de Médici).

Médici, Piero de. Sucedeu ao Magnífico no governo de Florença (1492). Tirano odioso, cuja conduta covarde por ocasião da invasão dos franceses lhe valeu o desprezo unânime dos florentinos. Morreu afogado na passagem do Garigliano (1503).

Nábis (205-192 a.C.). Tirano de Esparta.

Orsini. Nome de uma das duas mais poderosas famílias de Roma. As lutas dos Orsini com os Colonna foram utilizadas pelos Bórgia em proveito do seu próprio poderio. Os Orsini quiseram fazer frente aos planos de dominação de César Bórgia e foram os principais instigadores da conspiração de La Maggione. Faziam parte da liga contra Valentino o cardeal Orsini, o duque de Gravina, Paolo e Frangiotto, todos membros da família. O cardeal, prisioneiro no Castelo de Santo Ângelo, foi envenenado a mando do papa; Valentino atraiu os outros a Sinigaglia, onde os mandou estrangular.

Orsini, Niccolò (conde de Pitigliano) (1442-1510). Comandante das forças de Veneza, derrotado na batalha de Vailá (Agnadello).

Pesaro (senhor de). Giovanni di Costanzo Sforza, primeiro marido de Lucrécia Bórgia.

Pescennius Niger. Proclamado imperador pelas legiões romanas, em Antióquia, foi derrotado em Niceia por Septimius Severus e executado (195).

Petrucci, Pandolfo. Senhor de Siena, depois de ter mandado assassinar o sogro, Niccolò Borghese. Em 1503, entrou em luta com Valentino, sendo por este expulso de Siena, mas reposto logo depois com o apoio de Luís XII.

Piombino (senhor de). Jacopo degli Appiani, que fugiu à aproximação das forças de Valentino, as quais ocuparam a cidade (1501).

Pirro (277 a.C.). Rei do Epiro. Conquistou a Sicília por pouco tempo.

Quíron. Segundo a mitologia grega, centauro preceptor de Hércules e de Aquiles.

Ramiro de Orco. Mordomo de César Bórgia, foi por este último feito governador da Romanha (1501), juntamente com Giovanni Olivieri.

Riario di Savona, cardeal Raffaele. Conspirou contra Leão X, que o degradou e privou dos haveres.

Rimini (senhor de). Sigismundo Pandolfo Malatesta, "condottiere" famoso pela sua crueldade. Combateu o papa Pio II.

Roberto de San Severino. Capitão das tropas de Veneza contra Ferrara e das forças do papa contra Nápoles.

San Pietro ad Vincula. Igreja em Roma, da qual Giuliano della Rovere (o futuro Júlio II) tomou o nome para o seu título de cardeal.

Savonarola, Fra Girolano. Nascido em Ferrara em 1452, chamado a Florença em 1480, por Lorenzo de Médici. Ao tempo da expulsão destes, organizou a nova república florentina sobre bases democráticas. Em 1498, o partido dos Médici (os "Palleschi") dirigiu o ataque contra o palácio do "Capitano del Popolo". Obizzo Degli Alidosi. Abandonado pelo povo, foi preso e executado.

Septimius Severus (193-211). Deposto o imperador Pertinax, pela guarda pretoriana, as legiões impuseram os seus candidatos ao império: o exército do Reno aclamou Claudius Albinus, o do Danúbio, Septimius Severus, e o do Oriente, Pescennius Niger. Septimius Severus chegou a Roma em primeiro lugar, dissolveu a guarda pretoriana e depois dirigiu-se para o Oriente, sitiou Bizâncio e, tendo tomado Antióquia, derrotou completamente Pescennius Niger. Voltando depois ao Ocidente, desbaratou o exército de Albinus, numa grande batalha, perto de Lião, restabelecendo assim a unidade do império. Fundou a última dinastia romana — a dos imperadores africanos.

Sforza, cardeal Ascânio. Irmão de Ludovico, o Mouro, candidato ao pontificado, vendeu os votos de que dispunha aos Bórgia. Destronado o irmão pelos franceses, o cardeal Ascânio foge de Milão, mas, preso logo depois, é mandado para a França. Voltou a Roma depois da morte de Alexandre VI.

Sforza, Francesco. Filho do grande "condottiere" Muzio Attendolo Sforza da Cotignola, a quem sucedeu na chefia dos "Sforzeschi", facção militar oposta à dos "Bracceschi". Casado com Bianca Maria, filha de Filippo Maria Visconti, duque de Milão, granjeou grande influência no ducado. À morte de Filippo, formaram-se três partidos em Milão: os adeptos do rei de Nápoles (Afonso); os de Francesco Sforza; e os partidários da constituição de uma cidade livre em Milão. Estes venceram a princípio, mas depois da revolta de Pávia e Parma, os milaneses confiaram a Francesco Sforza a defesa do Estado contra os venezianos, que já se tinham apoderado de Lodi e Piacenza. Sforza derrotou os venezianos na batalha de Caravaggio (1448), ligando-se, porém, logo após, aos vencidos, contra Milão, onde entrou, como duque, em 1450.

Sforza, Ludovico. Assassinado o duque de Milão, Galeazzo Maria Sforza (1476), o irmão Ludovico, duque de Bari, usurpou o ducado ao sobrinho Giovanni Galeazzo, menino de oito anos, de quem se fez tutor. O Mouro, como passou à história, ficou senhor de fato de Milão, mas foi-lhe sempre negado geralmente o direito à investidura ducal. (Ver *Luís XII*.)

Teseu. Herói da mitologia grega a quem os atenienses atribuíram a fundação do seu Estado.

Venafro, Antonio Giordano da (1459-1530). Famoso jurista e professor na Universidade de Siena. Conselheiro de Pandolfo Petrucci.

Visconti, Bernabò. Um dos três candidatos do arcebispo Giovanni Visconti que partilharam a sucessão do tio no governo de Milão (1534). É lendária a figura de Bernabò pela sua crueldade. Foi envenenado em 1585 pelo sobrinho Giovanni Galeazzo, que obteve do imperador Venceslau o título de duque de Milão.

Vitelli, Niccolò. Expulso em 1474 da Città di Castello pelo papa Xisto IV, voltou a dominar aí em 1482.

Vitelli, Paolo. "Condottiere" que combateu por Florença contra Pisa. Suspeito de traição, foi executado em 1499.

Vitelli, Vitellozzo. Irmão de Paolo, senhor da Città di Castelo, serviu sob César Bórgia. Foi um dos conjurados de La Maggione, contra aquele. Estrangulado em Sinigaglia.

Xenofonte. Autor da *Ciropédia* (*A educação de Ciro*).

Xisto IV, papa (Francesco della Rovere). (1471-1484). Apoiou o ataque de Veneza a Ferrara. Depois dos êxitos militares daquela, o papa voltou-se contra Veneza, fundando a "Lega Santissima", com Nápoles, Florença e Milão.

Notas

[1] "Aos ricos parecia que *O príncipe* era um documento para ensinar o duque a tirar-lhes o que tinham e aos pobres toda a liberdade. Aos Piagnoni, o livro parecia herético; aos bons, desonesto; aos maus, pior e mais bravo do que eles próprios, de modo que todos o odiavam." (cit. por Villari, *Machiavelli e Suoi Tempi*, vol. II, p. 173.)

[2] Maquiavel refere-se aqui à sua obra *Discorsi Sopra la Prima Deca di Tito Livio.*

[3] Ver no glossário de nomes *D'Este.*

[4] A Normandia uniu-se à coroa da França em 1204; a Gasconha, em 1453; a Borgonha, em 1477, pela morte de Carlos, o Temerário; a Bretanha uniu-se virtualmente à coroa pelo casamento de Ana da Bretanha com Carlos VIII, pois cabia àquela a sucessão, por morte do último representante masculino da linha direta da casa reinante. Oficialmente, porém, foi anexada à coroa da França por ocasião do casamento de Cláudia, filha de Ana e Luís XII, com Francisco I.

[5] Ver no glossário de nomes *Filipe V, da Macedônia.*

[6] Luís XII.

[7] Carlos VIII.

[8] Ver no glossário de nomes *Fernando, o Católico.*

[9] Ver no glossário de nomes *Amboise (d').*

[10] Esparta, para assegurar a sua hegemonia sobre os Estados da Grécia, teve de restaurar as oligarquias, isto é, alimentou as antigas facções conservadoras. Assim, em Atenas (404 a.C.), o partido reacionário conseguiu formar um governo provisório composto de trinta membros, o qual inaugurou o terror e era garantido pela ocupação militar espartana. Condições análogas aproximaram Tebas de Atenas, e aliaram-se as duas. O exército espartano (378) voltou a Esparta, sem vitória.

[11] Episódio das guerras romanas.

[12] No mesmo ano em que Carlos VIII invadia a península (1494), Pisa rebelava-se, os pisões lançaram ao Arno o "Marzocco" (o escudo da República). Durou a guerra entre Florença e Pisa 15 anos, sendo, por fim, esta obrigada a render-se. Maquiavel teve papel importante nas negociações da paz.

[13] "Que não lhe faltava para ser rei senão um reino."

[14] Ver no glossário de nomes *Orsini*.

[15] Ver no glossário de nomes: *Júlio II*, *Colonna (Giovanni)*, *Riario di Savona (Raffaele)* e *Sforza (Ascânio)*.

[16] Commines, o cronista francês, refere que ao papa Alexandre VI se atribuía o dito que "os franceses, ao invadir a Itália, tomaram do giz para marcar os seus acampamentos, e não de espadas para combater", querendo significar a falta de resistência dos Estados italianos.

[17] Ver no glossário de nomes *Hawkwood (*Sir *John)*.

[18] O imperador João Cantacuzene, em guerra contra a facção dos paleólogos, aliou-se, em 1346, com o sultão Orchan. Finda a guerra, os turcos estabeleceram-se em Gallipoli.

[19] "Nada é tão instável quanto a fama de poderio de um príncipe quando não apoiada na própria força."

[20] Florença fomentava a discórdia entre as facções rivais de Pistoia (Panciatichi e Cancellieri). Em 1502, uma série de motins determinou a ocupação da cidade pelo governo florentino.

[21] "A dura condição das coisas e o fato mesmo de ser recente o meu reinado obrigam-me ao rigor e a fortificar as fronteiras."

[22] Dizia-se de Alexandre VI que ele nunca fazia o que dizia, ao passo que César Bórgia nunca dizia o que ia fazer.

[23] Alusão a Fernando, o Católico.

[24] "Por direito hereditário."

[25] Ver no glossário de nomes *Forli (senhora de)*.

[26] "Quanto à opinião de que não deveis intervir na guerra, nada é mais nocivo aos nossos próprios interesses, pois, sem compensação e ingloriamente, sereis presa do vencedor."

[27] Provavelmente, alusão a César Bórgia.

[28] "Justa, na verdade, é a guerra, quando necessária, e piedosas as armas quando só nas armas reside a esperança."

[29] "A virtude tomará armas contra o furor e será breve o combate, pois o antigo valor ainda não está morto nos corações italianos."

Sobre o autor

Nicolau Maquiavel nasceu em Florença em 3 de maio de 1469, no auge do Renascimento. Aos 29 anos, ingressou na carreira pública como chanceler e, logo depois, como secretário da República. Nos 14 anos em que ocupou o posto, conheceu de perto a política e suas engrenagens, definindo seu pensamento e seu destino como escritor.

Em 1512, com a reintegração dos Médici ao governo de Florença, Maquiavel foi privado de seu cargo e exilado da cidade. No ano seguinte, foi descoberta a conspiração para eliminar o cardeal Giovanni de Médici e, como suspeito, foi preso e torturado. Mesmo beneficiado pela anistia com que Leão X celebrou a inauguração de seu pontificado, permaneceu exilado por mais de um ano.

Seu repouso forçado favoreceu sua atividade literária. Além de *O príncipe*, são deste período *Os discursos sobre a primeira década de Tito Lívio*, *Os sete livros sobre a arte da guerra*, *As comédias* e *A vida de Castruccio Castracani*.

Em 1520, conseguiu do cardeal Júlio de Médici o encargo remunerado de escrever a história de Florença. Mas, após a queda dos Médici, em 1527, passou a ser tratado com desconfiança pela nova República. Mal interpretado e sem conseguir retornar ao poder, Maquiavel morreu em 22 de junho de 1527.

Conheça os títulos da

Coleção Clássicos para Todos

A Abadia de Northanger – Jane Austen
A arte da guerra – Sun Tzu
A revolução dos bichos – George Orwell
Alexandre e César – Plutarco
Antologia poética – Fernando Pessoa
Apologia de Sócrates – Platão
Auto da Compadecida – Ariano Suassuna
Como manter a calma – Sêneca
Do contrato social – Jean-Jacques Rousseau
Dom Casmurro – Machado de Assis
Feliz Ano Novo – Rubem Fonseca
Frankenstein ou o Prometeu moderno – Mary Shelley
Hamlet – William Shakespeare
Manifesto do Partido Comunista – Karl Marx
Memórias de um sargento de milícias – Manuel Antônio de Almeida
Notas do subsolo & O grande inquisidor – Fiódor Dostoiévski
O albatroz azul – João Ubaldo Ribeiro
O anticristo – Friedrich Nietzsche
O Bem-Amado – Dias Gomes
O livro de cinco anéis – Miyamoto Musashi
O pagador de promessas – Dias Gomes
O Pequeno Príncipe – Antoine de Saint-Exupéry
O príncipe – Nicolau Maquiavel
Poemas escolhidos – Ferreira Gullar
Rei Édipo & Antígona – Sófocles
Romeu e Julieta – William Shakespeare
Sonetos – Camões
Triste fim de Policarpo Quaresma – Lima Barreto
Um teto todo seu – Virginia Woolf
Vestido de noiva – Nelson Rodrigues

Direção editorial
Daniele Cajueiro

Editores responsáveis
André Seffrin
Ana Carla Sousa

Produção editorial
Adriana Torres
Júlia Ribeiro
Laiane Flores
Allex Machado
Juliana Borel

Revisão
Luana Luz de Freitas

Projeto gráfico
Filigrana

Capa
Sérgio Campante

Diagramação
Ranna Studio
Marina Lima

Este livro foi impresso em 2022
para a Nova Fronteira.